ÉTUDES

GUSTAVE FLAUBERT

Trois contes

PAR HANS PETER LUND

PRESSES UNIVERSITAIRES DE FRANCE

ÉTUDES LITTÉRAIRES

Collection dirigée par
Jean-Pierre de Beaumarchais
Daniel Couty
et par Yves Chevrel
pour les textes étrangers

ISBN 2 13 046448 3
ISSN 0764-1621

Dépôt légal — 1re édition : 1994, octobre

Sommaire

Editions de référence : Flaubert, *Trois contes,* éd. P. M. Wetherill, Classiques Garnier, Bordas, 1988. Flaubert, *Trois contes,* éd. P.-M. de Biasi, GF, Flammarion, 1986. Les références sont indiquées avec la page de l'édition Garnier d'abord, celle de l'édition GF ensuite, par exemple : (157/43). Dans les cas où les textes diffèrent l'un de l'autre, nous citons celui de l'édition Garnier (texte du dernier manuscrit autographe, cf. l'avertissement de Wetherill, éd. Garnier, p. 155).

L'auteur et ses contextes

Le 25 septembre 1875, Flaubert annonce à sa nièce Caroline qu'il a « essayé de commencer quelque chose de court », et qu'il a écrit « (en trois jours) ! une demi-page *du* plan *de* la *Légende de saint Julien l'Hospitalier* ». A une amie, il confie encore, le 3 octobre, qu'il va se mettre à « écrire la légende de *Saint Julien l'Hospitalier,* uniquement pour [s]'occuper à quelque chose, pour voir [s'il] peu[t] faire encore une phrase, ce dont [il] doute ». Trois jours pour écrire une page préparatoire de ce qui sera, dix-huit mois plus tard, les *Trois contes,* cela révèle la manière laborieuse et lente qui a toujours été celle de Flaubert. Cependant, le rythme de travail de l'écrivain va bientôt s'accélérer, et à peine le premier conte est-il fini, au mois de février 1876, que Flaubert déclare en vouloir faire un autre, qui deviendra *Un cœur simple.* Au départ, celui-ci aussi « avance très lentement », la première page seulement étant terminée au milieu du mois de mars ; mais par la suite, le travail progresse plus vite, quoique interrompu par des voyages, en Normandie et chez des amis au château de Chenonceaux. Fin avril 1876, Flaubert a déjà l'idée d'*Hérodias* « à l'état de rêve », et il prévoit la publication d'un volume de « trois contes ». Interrompu dans son travail au début de juin par la mort et l'enterrement de George Sand, l'écrivain se concentre à terminer l'histoire de Félicité, œuvrant jusqu'à dix-huit heures par jour. La fin en est annoncée dans une lettre à Caroline le 17 août 1876 : « Maintenant je m'aperçois de ma fatigue, je souffle, oppressé comme un gros bœuf qui a trop labouré », ce qui ne l'empêche pas de se jeter dans la composition d'*Hérodias* dont l'univers, radicalement différent de celui d'*Un cœur simple,* ne l'effarouche pas. C'est le travail de l'écriture qui compte, non le monde ou la réalité saisis par les mots. *Voir* ce monde ne pose pas de problèmes : « *Je vois* (nettement, comme *je vois* la Seine [devant sa fenêtre, à Croisset]) la surface de la mer Morte scintiller au soleil. Hérode et sa femme sont sur un balcon d'où l'on découvre les tuiles dorées du Temple. » En revanche, c'est de l'*écrire* qui n'est pas commode : « Faire clair et vif, avec des éléments aussi complexes, offre des difficultés gigantesques. Mais s'il n'y avait pas de difficultés, où serait l'amusement ? » (octobre 1876).

Cependant, il fait un saut à Paris, ramasse des notes, négocie déjà la publication de son petit volume, et rentre à Croisset où il termine *Hérodias* au bout de deux mois. A la fin, il travaille « d'une façon frénétique », ne dormant presque plus et se soutenant « avec de l'eau froide et du café » (lettre du 15 février 1877).

Aucune circonstance extérieure ne presse Flaubert d'aller aussi vite, mais il est pris par le travail même, et se voit entraîné avec enthousiasme par l'écriture. Il a « envie » d'écrire l'histoire de saint Jean-Baptiste, « envie de creuser cette idée-là », « il [lui] tarde de [s]'y mettre et de piocher furieusement » (lettre du 17 août 1876). Il a beau se plaindre de la fatigue, de la difficulté du travail et du prix qu'il faut payer pour le mener à terme (« Mon ardeur à la besogne frise l'aliénation mentale », 10 août 1876) — on devine que ce travail le fascine, et on constate que celui qui se voyait, d'abord (13 août 1875), « incapable d'aucun travail », se sent une année après « physiquement (...) rajeuni ». Tout est allé de plus en plus vite, *Julien* l'ayant occupé pendant six mois (de septembre 1875 à février 1876), *Un cœur simple* pendant quatre (mars-août 1876), enfin la composition proprement dite d'*Hérodias* pendant trois mois seulement (novembre 1876-février 1877). Encore ce calcul est-il approximatif et très relatif, car, toutes proportions gardées, Flaubert a été aussi lent à écrire les *Trois contes* qu'à écrire *Madame Bovary* !

Tout heureux, Flaubert « crève d'envie » de lire ses contes devant son amie correspondante Edma Roger des Genettes et, somme toute, il est évident que c'est un Flaubert content de lui qui se précipite maintenant vers Paris pour ouvrir « ses salons », comme il l'annonce ironiquement à son éditeur Georges Charpentier. Un autre contexte va le reprendre, mais la création littéraire aura été, cette fois-ci, une espèce de reconvalescence pour l'écrivain dont l'existence venait d'être bouleversée par une série d'événements malheureux.

Vie de Flaubert. Les années soixante-dix

1821 Naissance de Flaubert, à Rouen.
1824 Naissance de sa sœur Caroline.
1836-1842 Premières œuvres, nouvelles et récits autobiographiques.
1843-1845 Flaubert rédige la première *Education sentimentale.*
1846 Mort de sa sœur Caroline. Flaubert se charge avec sa mère de l'éducation de sa nièce qui s'appelle également Caroline. Il rencontre Louise Colet qui devient sa maîtresse et sa correspondante jusqu'en 1855.
1848-1849 Première version de *La Tentation de saint Antoine.*
1849-1851 Voyage au Proche-Orient.
1852-1856 Flaubert rédige *Madame Bovary.*
1856 Deuxième version de *La Tentation de saint Antoine.* Flaubert travaille sur *La Légende de saint Julien l'Hospitalier.*
1857 Procès à propos de *Madame Bovary.*
1858-1862 Flaubert écrit *Salammbô.*

1863-1876 Correspondance avec George Sand.
1864 Mariage de Caroline et d'Ernest Commanville.
1864-1869 Flaubert rédige la deuxième *Education sentimentale.*
1869 Mort de Louis Bouilhet, ami de jeunesse de Flaubert.
1870 Mort de Duplan et de Jules de Goncourt.
1871-1874 Version définitive de *Saint Antoine.*
1871 Flaubert continue de fréquenter la princesse Mathilde, cousine de Napoléon III. Les affaires du mari de Caroline commencent à péricliter. Flaubert tombe amoureux de Léonie Brainne, âgée de trente-cinq ans. Il habite tantôt à Paris, tantôt à Croisset, où il devient ami de son voisin, Edmond Laporte. Il continue de correspondre avec et de voir, à Croisset ou à Paris, l'écrivain russe Tourguéniev. Il voit souvent George Sand, à Paris ou à Nohant, chez elle.
1872 Mort de la mère de Flaubert. Rendez-vous avec sa maîtresse Juliet Herbert, à Paris, au mois de septembre. Mort de Théophile Gautier. Flaubert se brouille avec son éditeur Michel Lévy.
1873 Flaubert, qui a déjà fait la connaissance de Zola, se lie d'amitié avec Maupassant, fils d'une sœur d'un ami d'enfance. Il prépare *Bouvard et Pécuchet.* Anatole France se présente à Flaubert.
1874 Sa pièce *Le Candidat* est un échec et doit être retirée de l'affiche. La critique de *Saint Antoine* est mauvaise. Flaubert séjourne à Rigi-Kaltbad en Suisse pour soigner sa santé. Revenu à Paris, il voit Juliet Herbert, Maupassant, Caroline, la princesse Mathilde... Il commence la rédaction de *Bouvard et Pécuchet.*
1875 Commanville est menacé de faillite, et Flaubert doit intervenir pour faire éviter la catastrophe au mari de sa nièce (vente de la ferme de Deauville au

prix de 200 000 francs). Il sauve sa maison de Croisset, mais perd pratiquement le reste de sa fortune. Le 16 septembre, Flaubert arrive à Concarneau, en Bretagne, où il séjourne chez un ami pour se reposer. Il conçoit le plan de *Saint Julien.* Il quitte Concarneau le 1er novembre et continue à rédiger ce conte en décembre.

1876 *Saint Julien* est achevé vers la mi-février. Quelques semaines après, il a arrêté le plan d'*Un cœur simple,* dont il interrompt la création pour étudier l'histoire de saint Jean-Baptiste ; puis, il se précipite à Nohant, en compagnie du prince Napoléon et d'Ernest Renan, pour assister aux obsèques de George Sand, morte le 8 juin. Revenu à Croisset, il continue et termine *Un cœur simple* le 16 août. Il commence l'élaboration du plan d'*Hérodias,* dont il a eu l'idée au mois d'avril de la même année, fait des recherches documentaires, voit à Paris Juliet Herbert, étudie l'archéologie et Flavius Josèphe, enfin commence à rédiger *Hérodias* au mois de novembre, mais finit l'année sans avoir écrit plus de douze pages.

1877 L'élaboration d'*Hérodias* continue et sera terminée le 15 février. Flaubert reçoit de nouveau, dans son appartement rue Murillo, à Paris. Les *Trois contes* sont publiés d'abord en feuilleton dans *Le Moniteur* et *Le Bien public* au mois d'avril, puis en volume chez Charpentier le 24 avril. Le livre reçoit une excellente critique. Il reprend *Bouvard et Pécuchet.*

1878 La santé de Flaubert se détériore, sa situation financière reste précaire. Les séjours à Croisset se font de plus en plus longs, et la rédaction de *Bouvard et Pécuchet* traîne.

1879 Flaubert fait une chute et doit rester trois mois au lit avec une fracture du péroné. Par l'intermédiaire de ses amis, en particulier de Juliette Adam, épouse d'un sénateur, Jules Ferry lui accorde une pension de 3 000 francs (officiellement, il sera bibliothécaire à la Mazarine sans obligation de travail).

1880 *Bouvard et Pécuchet* toujours... La situation financière de Flaubert continue de se détériorer. Il commence le dernier chapitre de son roman, et reçoit Zola, Maupassant, Daudet et Charpentier. Il meurt subitement le 8 mai, frappé d'apoplexie. Caroline prend soin de rassembler manuscrits et lettres.

Une vie en crise

Au mois de septembre 1875, Flaubert se trouve donc à Concarneau, en Bretagne. Il est en pleine dépression, depuis qu'il s'est vu obligé de vendre une des fermes qui lui assuraient une vie sans soucis financiers, pour venir en aide à sa chère nièce Caroline dont le mari, Commanville, importateur de bois, est menacé de banqueroute. A Paris, Flaubert doit trouver un appartement moins coûteux. Commanville gérant depuis 1865 la fortune et les revenus de Flaubert, celui-ci risque effectivement de se retrouver sans ressources. Encore a-t-il sauvé ce qui pouvait encore l'être, réussissant à garder sa maison de Croisset, près de Rouen, où il vit depuis une trentaine d'années avec sa mère, morte en 1871. Il fuit maintenant Paris et Croisset pour faire un « changement de milieu et d'habitude », et c'est là, près de la mer, que tout va redémarrer dans un sens très différent de *Bouvard et Pécuchet,* dont l'élaboration désespère l'auteur. Le cadre de vie changé, Flaubert se voit embarqué dans la création des *Trois contes* qu'il allait continuer aussitôt revenu à son domicile préféré.

Flaubert trouvait depuis des années, pendant de longues périodes, une sorte de solitude monacale à Croisset. Il s'en était déjà expliqué dans des lettres de 1852 et 1853, voyant dans « le vrai poète » un « prêtre », et dans le travail d'écrivain une ascèse. Cependant, il ne faut pas s'imaginer Flaubert comme un homme solitaire au sens habituel du terme, bien au contraire : ses nombreuses visites à Paris, le grand nombre d'amitiés qu'il nourrissait, celles surtout de George Sand, de l'écrivain russe Tourguéniev (souvent de passage à Paris et même invité à Croisset), de son voisin Edmond Laporte, de Léonie Brainne, la sœur d'un ami, d'Edma Roger des Genettes, écrivain et amie correspondante depuis les années cinquante — tout cela l'empêchait de s'emmurer à Croisset, sauf pour monter « dans sa tour d'ivoire » (lettre de 1852) pendant les périodes de très grande activité littéraire.

Toutefois, la série de morts frappant le cercle de ses amis inquiète sérieusement Flaubert. N'étaient l'amitié du jeune Maupassant et celle de George Sand vieillissante, le vide se fait autour de lui. Sa liaison avec Louise Colet remonte aux années quarante et cinquante (elle devait mourir en 1876), et on ne lui connaît pas d'autres relations suivies en dehors de celle de la fidèle et très secrète Anglaise, Juliet Herbert, avec qui il a rendez-vous à Paris entre la composition de *Saint Julien* et celle d'*Un cœur simple,* quelques semaines après la mort de George Sand. Au milieu des morts de la réalité et de ceux de la fiction (car chaque point de culmination des *Trois contes* est marqué par la mort), l'énigmatique Juliet a pu signifier le retour à la vie et à la sexualité, contrepoints de l'idée de mort et de spiritualité qui domine les *Trois contes.* Il semble que ce soit là un dualisme constant dans l'existence et la pensée de Flaubert écrivant dès 1846 : « (...) c'est là la vie : aimer, aimer, jouir ; ou bien quelque chose qui en a l'apparence et qui en est la négation, c'est-à-dire l'Idée, la contemplation de l'immuable, et pour tout dire par un mot, la Religion dans sa plus large extension » (lettre à Louise Colet).

Ce dualisme pourrait bien être l'inspiration profonde et originelle des *Trois contes.*

Le contexte de l'œuvre

Flaubert a cinquante-cinq ans en 1876 ; il écrit depuis plus de quarante ans, travaillant et retravaillant des textes aussi différents que *L'Education sentimentale,* dont il existe deux rédactions, celle de 1845 et celle de 1869, et *La Tentation de saint Antoine,* qui existe en trois versions (1849, 1856, 1872 [parue en 1874]). Considérés dans le contexte de l'œuvre, les *Trois contes* ont ceci d'extraordinaire qu'ils reprennent et résument, du moins en surface, deux ou trois tendances essentielles de l'œuvre dans son ensemble. En revenant à la forme brève de la nouvelle ou du conte, forme qu'il a déjà cultivée dans sa jeunesse — voir par exemple les contes « Rage et impuissance » (1836) et « Passion et vertu » (1837) —, Flaubert se donne pour contrainte, après l'expérience des grands romans, de condenser son sujet sur quelques pages seulement, trouvant dans cette forme littéraire la possibilité de décrire d'une manière contenue un temps et un espace sur lesquels il s'était déjà penché dans ces mêmes romans.

En effet, *Un cœur simple* reprend la modernité de *Madame Bovary* (1856), le cadre de la Normandie, pays de l'auteur, et la vie de province comme dirait Balzac (le sous-titre de *Madame Bovary* étant « Mœurs de province »). Théodore, Félicité et Nastasie sont des noms qui figurent déjà dans *Madame Bovary.* A un niveau plus profond, la fonction de la religion, objet de superstition et de visions, est la même dans les deux textes. Cependant, tout cela n'affecte pas leurs différences notables. Retenons tout particulièrement les rapports du personnage principal au monde et au temps vécu, souvent transformés par une rêverie prospective dans le cas d'Emma. Par exemple, à l'opéra de Rouen, elle « aurait voulu, fuyant la vie, s'envoler dans une étreinte » (éd. Garnier, 1990, p. 229), alors que Félicité ne cesse de renouer ses attaches avec le passé, constatant, par exemple, que les vêtements de Virginie qu'elle retire de l'armoire après la mort de la jeune fille, gardent encore « des plis, formés par les mouvements du corps » (180/66). Félicité s'attache encore à ce qui *est,* sa perspective se projette autant dans le présent que dans le passé, et non seulement elle garde « Toutes les vieilleries dont ne voulait plus Mme Aubain » (186/72), mais encore elle se sent revivre aux processions de la Fête-Dieu (187/73), s'occupe des soldats, des cholériques, et des Polonais (180/66). Ses activités quotidiennes ne diminuent qu'au moment de sa dernière maladie, alors qu'Emma, après la lettre d'adieu de Rodolphe, se sent à ce point désemparée qu'elle songe à quitter la vie (éd. citée, p. 211), et rien, ni dans le présent ni dans le passé, ne lui fournit le soutien nécessaire pour la remettre debout. Les deux personnages, quoique perdus dans le même milieu de province, existent de deux manières radicalement différentes. D'autres thèmes tels que la vie amoureuse, le rapport aux enfants, à l'argent, semblent également exclure toute comparaison directe entre les deux œuvres.

Reste l'équivalence des époques historiques servant de fonds de tableaux aux textes. L'époque contemporaine de *Madame Bovary* revenant dans *Un cœur simple,* le Moyen Age de *La Tentation de saint Antoine* dans *Saint Julien,* et l'Antiquité de *Salammbô* (1862) dans *Hérodias* sembleraient suffire pour désigner des rapports triangulaires entre les trois romans et les trois contes. Cependant, pour ce qui est de la légende de 1877, plusieurs siècles séparent saint Antoine et saint Julien, et les visions d'Antoine, depuis la reine de Saba jusqu'à Hélène, se rattachent à un passé antique ou judaïque qui ne figure pas dans *Saint Julien,* mais évoque plutôt l'univers d'*Hérodias.* Le saint visionnaire et le saint inconscient de son destin n'ont rien en commun. Finalement, la forme des deux textes, dialogue ou récit dramatisé, légende ou conte, exclut tout rapprochement.

En revanche, *Salammbô* et *Hérodias,* qui peuvent être rapportés, du moins partiellement, à une inspiration commune, à savoir aux voyages de l'auteur (Carthage, 1858; Proche-Orient, 1849-1851), ont plusieurs points en commun. En effet, pendant la rédaction d'*Hérodias,* Flaubert juge explicitement son conte historique par rapport à son roman historique : « J'ai peur de retomber dans les effets produits par *Salammbô,* car mes personnages sont de la même race et c'est un peu le même milieu » (lettre du 27 septembre 1876). Les œuvres se ressemblent même thématiquement, les personnages manifestant la même violence, la même force de désir sexuel, le même goût du pouvoir. Dans les deux cas, le fond de l'histoire est une crise historique qui se concrétise dans une passation de pouvoirs dramatique (Hamilcar-Hannibal) ou dans un bouleversement des rapports de pouvoir (Juifs-Hérode-Rome-Chrétiens). Comme il ne travaille jamais inconsciemment sur les documents historiques, Flaubert prend soin, dans les deux cas, d'en étaler les détails dans une action, longue ou brève (Carthage *vs* mercenaires, Juifs *vs* Romains, rivalités dans l'un et l'autre camp), et finalement, de tout ramasser autour d'un seul élément fictif : un homme et une femme se rencontrant dans le désir.

Au-delà de ces différences et ressemblances, les *Trois contes* sont l'aboutissement d'un effort constant, mené par Flaubert depuis *Madame Bovary,* pour accorder « l'observation attentive des détails les plus plats » (lettre du 8 février 1852) et « la faculté de travailler d'après un modèle imaginaire » (1er septembre 1852). La volonté de mettre entre parenthèses « notre cœur » et de se faire « des miroirs grossissants de la vérité externe » (6 novembre 1853) implique que, de *Madame Bovary* à *Salammbô,* aucune matière ne pourrait rebuter Flaubert, et qu'aucun travail de documentation ne saurait l'effaroucher. A chaque nouveau livre, il trame son propre contexte, se faisant personnage regardant Carthage, ou encore jeune homme vivant 1848 (dans *L'Education sentimentale*). Si Mme Bovary est bien lui, comme il le proclamait, c'est que lui est devenu elle, qu'il s'est éclipsé pour adopter son point de vue à elle (ou celui d'autres personnages du roman), essayant ainsi de suspendre une subjectivité fondamentalement étrangère à son modèle.

Tout en continuant de voyager pour voir, de se documenter pour être *vrai,* de se rappeler pour être sûr de son fait, il ajoute à son premier principe concernant les détails matériels un second, formulé après la rédaction des *Trois contes* : « Il ne s'agit pas seulement de voir, il faut arranger et fondre ce que l'on a vu. La Réalité, selon moi, ne doit être qu'un *tremplin* » (8 décembre 1877). La Réalité sert à vérifier l'exactitude de la mémoire, pierre d'achoppement d'*Un cœur simple,* qui oblige Flaubert à aller sur place, à regarder, à voir une seconde fois, afin d'être capable de rendre l'impression qu'il avait eue autrefois. De là le va-et-vient, chez Flaubert, entre le réel et l'imagination, entre les bribes de faits et le tableau intégral imaginaire.

Vus dans ce contexte, les *Trois contes* parachèvent un projet esthétique. S'ils interrompent la rédaction de *Bouvard et Pécuchet,* c'est principalement parce que Flaubert suffoquait sous ce méta- et méga-roman sur l'intégralité du savoir moderne. « *Bouvard et Pécuchet* étaient trop difficiles, j'y renonce », disait-il, découragé (lettre du

3 octobre 1875). Il ne croyait plus à ce livre philosophique, qu'il ruminait depuis des décennies, parce qu'il le mettait, lui Flaubert, en porte à faux par rapport à la fiction (« il faut un semblant d'action, une espèce d'histoire continue pour que la chose n'ait pas l'air d'une dissertation philosophique » (avril 1875)). Les deux copistes et le savoir encyclopédique, image acerbe d'une modernité qui tourne en rond, contrariaient le créateur. Les *Trois contes,* eux, pouvaient le réconforter et le confirmer dans le projet de sa vie, le récit réaliste.

Entre réalisme et naturalisme

« Nos amis sont persuadés qu'à elle seule, [la Réalité] constitue tout l'Art. Ce matérialisme m'indigne... » (lettre du 8 décembre 1877). Cette phrase en dit long sur les idées de Flaubert face aux partisans du naturalisme ; elle en dit bien plus long qu'elle ne montre la distance prise par rapport à Balzac, qui avait pourtant été d'une inspiration capitale pour Flaubert, sans que celui-ci ne cherchât jamais à imiter la technique de description balzacienne, plus intégrale, plus pittoresque que ses propres esquisses. L'attaque contre le « matérialisme » vise plus spécialement les naturalistes, Zola en tête ; Flaubert a également un mot critique à l'adresse d'Edmond de Goncourt qui, selon lui, pense « que la littérature française n'existait pas avant Balzac ».

Faisant le point à l'époque des *Trois contes,* Flaubert dit qu'il « exècre ce qu'on est convenu d'appeler le *réalisme* » (6 février 1876), ou encore le « Naturalisme », un mot vide de sens, estime-t-il (25 décembre). *L'Assommoir,* paru en 1877, lui déplaît, et Zola, pourtant un de ses amis, devient à ses yeux « une précieuse, à l'*inverse* » (14 décembre), égarée par son propre système, par « la rage des partis pris » (octobre). D'après Flaubert, si l'on regarde les yeux « troublés par les passions, c'est-à-dire par un intérêt personnel », l'œuvre est ratée. Partant, l'aspect moral autant que l'aspect « tempérament » de l'œuvre et de l'esthétique de Zola étaient étrangers à Flaubert. A l'encontre de Balzac, qui voulait faire voir et prouver, et de Zola, dont le plan des *Rougon-Macquart* révélait une intention idéologique profonde, Flaubert, lui, crée une sorte de « textisme » défini par les notions de style ou de Beauté.

En fait, Flaubert ne veut appartenir à aucune école; dans une lettre à George Sand du mois de décembre 1875, il fulmine contre l'expression « mon école » : « Mais je m'abîme le tempérament à tâcher de n'avoir pas d'école! » s'écrie-t-il, et surtout il ne veut pas être rangé parmi les romanciers du naturalisme, puisqu'il regarde « comme très secondaire le détail technique, le renseignement local, enfin le côté historique et exact des choses ». N'est-ce pas se contredire, après le nombre de mois passés à étudier les sources pour le « roman carthaginois » de *Salammbô,* et devant les efforts faits pour recueillir des renseignements en vue de la composition d'*Un cœur simple*? En fait, l'importance qu'il accorde, dès sa jeunesse, à « l'objectif » est toujours la même — il s'agit simplement d'une « visualisation détaillée », selon la formule heureuse de Harry Levin —, dans la mesure où tout détail qui n'est pas correct (donc invraisemblable) ou faussé par une défaillance de la mémoire (donc révélant la présence d'un sujet écrivant) ferait pencher le texte vers la subjectivité. On verra plus loin ce qu'il en est dans les *Trois contes,* où Flaubert semble résoudre le problème du narrateur qu'il n'avait pu entièrement régler dans *Madame Bovary,* en faisant du narrateur une voix de conteur, suivant la tradition orale du conte.

Ceci dit, il est communément admis que Flaubert a voulu se mettre en dehors du contexte proche, littéraire ou idéologique. Ceci concerne également ses rapports avec George Sand. Romantique et idéaliste plus que réaliste, l'œuvre de Sand ne pouvait guère influencer celle de Flaubert qui, néanmoins, s'en laissa inspirer pour écrire *Un cœur simple,* non sans une certaine forme d'ironie bienveillante. Mais le personnage de Félicité, s'il témoigne de ce qui est moralement apprécié par la bourgeoisie évoquée dans les premières lignes du conte, n'est pas un personnage mettant en œuvre une qualité morale selon une optique idéale, mais au contraire un personnage vu dans une ambiance réelle où il exerce sa fidélité presque animale et automatique qu'il ne réalise jamais lui-même, et qui n'est jamais « récompensé ». « Vous partez de l'*a priori,* de la théorie, de l'idéal », écrit Flaubert à George Sand (6 février 1876), « Moi, (...) je suis collé sur la terre. » Le réalisme du personnage de Félicité ne cède jamais (pas plus que celui de Julien ou d'Hérode) devant une intention non réaliste, et l'amour que Félicité porte aux autres est fondé sur une psychologie de la renonciation interne au texte, non sur une idée de l'Amour destinée à être portée comme un message aux lecteurs.

La poétique de Flaubert écrivant les « Trois contes »

S'il avait connu Mallarmé, Flaubert aurait sans doute trouvé plus de compréhension pour son idée du *livre* ou du *texte*, car le maître des Symbolistes disait admirer son « art définitif ». Il est frappant de voir dans quelle mesure les idées esthétiques de Flaubert ressemblent à celles de Mallarmé, lui aussi tourné vers l'Idéal ou l'Absolu de l'expression, aux dépens du réel naturaliste. Aussi le mot de

Mallarmé s'applique-t-il parfaitement aux *Trois contes,* quand il parle du « double instinct, évocatoire ou contemporain » chez le romancier depuis Flaubert, en précisant qu'il « n'existe certainement de fiction que si, en commentant une civilisation usée par le regard quotidien, on évoque d'elle le prestige d'époques disparues ou rêvées (...) » (lettre du 5 octobre 1890). La civilisation usée, c'est tout l'univers d'*Un cœur simple,* les époques disparues pourraient être celles de *Saint Julien,* les époques rêvées celles d'*Hérodiade* dont Flaubert avouait le caractère essentiel de « rêve » (avril 1876).

A l'époque des *Trois contes,* Flaubert reprend beaucoup des idées poétiques formulées notamment dans les lettres adressées à Louise Colet pendant les années de création de *Madame Bovary*; par exemple cette formule étonnante qui fait penser, à bien des égards, aux théories de Mallarmé :

> (...) ce qui fait pour moi le but de l'Art [est] la Beauté. Je me souviens d'avoir eu des battements de cœur, d'avoir ressenti un plaisir violent en contemplant un mur de l'Acropole, un mur tout nu (celui qui est à gauche quand on monte aux Propylées). Eh bien ! je me demande si un livre, indépendamment de ce qu'il dit, ne peut pas produire le même effet. Dans la précision des assemblages, la rareté des éléments, le poli de la surface, l'harmonie de l'ensemble, n'y a-t-il pas une vertu intrinsèque, une espèce de force divine, quelque chose d'éternel comme un principe ? (Je parle en platonicien) (lettre à George Sand, 3 avril 1876).

Pas de fissure, donc, dans le mur du texte : « La prose doit se tenir droite d'un bout à l'autre, comme un mur (...) une grande ligne unie » (2 juillet 1853), une surface lisse formée par les phrases, où aucune faille ne révèle la présence ordonnante d'un sujet. D'où la nécessité d'avoir *vu* correctement la réalité évoquée, et d'avoir bien étudié les documents qui la décrivent — et aussi l'obligation de gommer toute manifestation du narrateur, chose difficile, si tant est que les « documents » peuvent réveiller dans l'écrivain des souvenirs de son propre passé :

> Mon *Histoire d'un cœur simple* avance très lentement (...) pour avoir des documents, j'ai fait un petit voyage à Pont-l'Evêque et à Honfleur ! Cette excursion m'a abreuvé de tristesse, car forcément j'y ai pris un bain de souvenirs (fin avril 1876).

Mais les voyages font partie du travail poétique de Flaubert qui puise souvent dans ce qu'il a noté au cours de ses longues pérégrinations en France, en Egypte, au Proche-Orient ainsi qu'en Afrique du Nord. Cependant, s'il va sur place, ce n'est jamais pour copier (l'illusion de rendre exactement la réalité est devenue désuète, pour certains, à l'époque de Mallarmé), mais, comme le dit Geneviève Bollème, pour vérifier l'idée qu'il a de la réalité ; cela, sans être influencé par ses propres affections ou connotations à propos de telle ou telle chose vue, mais dans un effort constant pour exclure toute perspective autobiographique : « C'est une délicieuse chose que d'écrire, que de ne plus être *soi* », avait-il confié à Louise Colet (23 décembre 1853).

L'autobiographique appartient aux œuvres antérieures à *Madame Bovary* qui, de son côté, instaure la tendance culminant dans les *Trois contes* : il importe désormais à l'auteur de se distancer par rapport à l'œuvre, de la mettre en dehors de soi, devant soi, et non, comme le faisait Chateaubriand dans ses textes autobiographiques ou Balzac dans des romans abondamment commentés par le narrateur, de se ménager une présence textuelle.

Flaubert est un visuel conscient des limites de la vision subjective. Il lui arrive de refléter cette subjectivité dans ses personnages, dans Félicité, par exemple, qui confond le perroquet et le Saint-Esprit (189/74-75), ou Julien qui se trompe sur le vrai caractère des pas entendus devant sa fenêtre (209/95). Mais Flaubert lui-même cherche toujours la vision exacte, et exulte lorsqu'il lui semble réussir sur ce point : « *Hérodias* se présente et je *vois* (...) la surface de la mer Morte (...). » En travaillant sa vision il vise une correspondance entre l'imagination et le réel, une confirmation, en allant voir ou en lisant les sources. Conséquemment, ses propres convictions d'artiste comptent peu : « L'homme n'est rien, l'œuvre tout », écrit-il à George Sand, en décembre 1875, développant ses découvertes de 1852, à savoir que l'image du réel rendue par l'Art ne doit pas forcément se référer à telle ou telle réalité, mais constituer en elle-même un réel vrai dans ses détails et tout aussi objectif que... l'objectif.

S'il reste des traces d'un « homme » dans les *Trois contes,* c'est à un autre niveau; et cet « homme » n'est plus le même, mais un conteur exprimant ses réactions devant tel détail raconté (voir *Saint Julien* : « Et cela dura longtemps, très longtemps ! » (220/106)), ou un narrateur suppléant, par ses commentaires, à l'image fictive des personnages (cf. le fameux problème de l'intelligence bornée de Félicité : est-ce Bourais ou le narrateur qui s'en étonne? (174/60)). Même le narrateur-historien apparaissant dans *Hérodias* est une instance neutre. Cette technique est des plus importantes, car l'Art étant pour Flaubert une seconde nature, le réel et les objets n'ont pas besoin d'être notés sous l'égide d'un narrateur omniscient comme chez Balzac; au contraire, le texte littéraire produit un réel, en collant aux points de vue des personnages (voir le début d'*Hérodias*). Mais c'est tant mieux si aucune réalité extérieure à l'œuvre ne vient contredire l'image.

Flaubert veut que ce réel littéraire soit beau. Ce qu'il reproche à Zola comme à Alphonse Daudet (3 avril 1876), c'est qu' « aucun des deux n'est préoccupé *avant tout* de ce qui fait pour (lui) le but de l'Art, à savoir : la Beauté ». Il avait formulé le même grief, en 1869, à l'intention de Sainte-Beuve et de Taine qui ne tenaient pas suffisamment compte de l'Art, « de l'œuvre en soi, de la composition, du style », qui, pour lui, avait depuis vingt ans la priorité devant le Vrai. Concrètement, il s'agit de la « Beauté extérieure », selon l'expression de Flaubert lui-même, de la beauté de la phrase, de son relief et de son harmonie. Que l'œuvre devienne pure, « absolue », comme disait également Mallarmé, c'est là un désir d'artiste créateur partagé par les adhérents de l'Art pour l'art, mais un désir différent quant à son application chez Flaubert : l'absolu, pour lui, ne réside pas tant dans l'indépendance par rapport à la morale que dans l'expression parfaite, non entachée de commentaires, de fausses notes comme par exemple les jugements de valeur ; et c'est la fameuse formule dans une lettre à George Sand du 6 février 1876 : « Quant à laisser voir mon opinion personnelle sur les gens que je mets en scène, non, non, mille fois non ! » Les *Trois contes,* à cet égard, représentent la tentative la plus poussée de la part de Flaubert pour réussir l'œuvre absolue. Quant aux comparaisons, métonymies et autres métaphores qui instaurent, quand même, le relatif — et le subjectif —, elles ne sont pas totalement absentes des *Trois contes,* et là où elles sont clairement lisibles, elle fournissent souvent la clef du sens profond du texte. Ainsi, Flaubert n'évite pas l'interprétation.

Le(s) pré-texte(s)

Conception et documentation

Tout porte à croire que la conception des *Trois contes* doit beaucoup à d'autres œuvres artistiques. Même si on ignore fatalement dans quelle mesure Flaubert s'inspire effectivement de ces œuvres, il est possible de relever certains passages, tel la fin de *Saint Julien,* ou la danse de Salomé, qui ont, de toute évidence, une source iconographique. Sur un mur de la cathédrale de Rouen, il existe un bas-relief de Salomé dansant ; Flaubert l'a vu. Aux lignes renvoyant à un vitrail de la même cathédrale, correspond le renvoi au livre de E. H. Langlois, *Mémoire sur la peinture sur verre et sur quelques vitraux remarquables des églises de Rouen* (1823), que Flaubert note dans une lettre à sa nièce (25 septembre 1875). Enfin, l'inspiration profonde d'*Un cœur simple,* dont le plan primitif remonte à 1856, est probablement inscrite dans l'histoire même, puisque Félicité admire, dans l'église de Pont-l'Evêque que Flaubert connaissait bien, un vitrail montrant la Vierge « à genoux devant l'Enfant Jésus — et derrière le tabernacle, un groupe de bois représent[ant] saint Michel terrassant le dragon » (168/54). Le groupe existe réellement, et un vitrail de cette église représente la Nativité. Aussi a-t-on pu dire que nos textes sont la « narration d'une narration déjà réalisée dans un autre langage pictural ou sculptural » (Debray Genette).

Mais quelle importance accorder à cette prétendue inspiration ? Il est difficile, sinon impossible, de conclure que ces choses vues entrent dans la création proprement dite des contes. Lorsqu'en 1879 Flaubert écrit à son éditeur Georges Charpentier qu'il aurait voulu « mettre à la suite de *Saint Julien* le vitrail de la cathédrale de Rouen », ce n'est pas pour ajouter une « illustration » à son texte, mais parce qu'il considère le vitrail comme un *document* : « En comparant l'image au texte on se serait dit : "Je n'y comprends rien. Comment a-t-il tiré ceci de cela?", ajoute-t-il. Flaubert avoue l'existence d'un modèle ou d'une source, d'une inspiration peut-être, mais en même temps il en brouille les pistes. En effet, il n'a rien *tiré* directement du vitrail, sinon justement une inspiration, et le document, livresque ou iconographique, a pu aider l'écrivain à sortir des impasses de l'inspiration, l'aider à voir, le génie consistant pour lui à pouvoir partir même d'un « modèle imaginaire qui pose devant nous » (lettre du 1er septembre 1852). Il en serait de même pour le lecteur, par exemple pour sa nièce qui aurait trouvé dans Langlois tout un dessin représentant le fameux vitrail de saint Julien (ce dessin est reproduit dans l'édition Garnier). Flaubert... artiste visuel : on le constate encore dans *Un cœur simple* dont tout le décor peut être reporté à des choses vues, et vues depuis longtemps. L'inspiration ne vient pas forcément des livres.

Ceux-ci, en revanche, sont d'une importance capitale pour la documentation. Lorsqu'en 1856 Flaubert prépare *Saint Julien* — il a déjà un plan, qui sera vite abandonné —, il se plonge dans des livres de documentation : « Je lis des bouquins sur la vie domestique au Moyen Age et la vénerie. Je trouve des détails superbes, et neufs ; je crois pouvoir faire une couleur amusante » (lettre du 1er juin 1856). Se heurte-t-il, dans ces lectures, à un document qui risque de faire apparaître son propre texte comme un plagiat, le voilà qui se défend ; c'est le cas lorsqu'en 1856 il relit la *Légende du beau Pécopin et de la belle Bauldour* de Hugo (texte publié dans *Le Rhin*) — « je n'ai aucune peur de la ressemblance », dit-il dans une lettre, malgré plusieurs détails qui ressemblent au texte qu'il prépare. Quand il s'agit de *Saint Julien,* la documentation elle-même est un travail (voir Bart et Cook, 1977). C'est ainsi que la lecture du petit ouvrage de Langlois est complétée par l'adaptation de G. F. G. Lecointre-Dupont d'une version en prose de la légende (*La Légende de saint Julien le Pauvre,* 1839), par la *Legenda aurea* de Voragine (env. 1260-1270), et par les *Chroniques et légendes du Moyen Age* de A. Maury.

C'est en ce sens que les documents et autres sources d'où se détachent finalement *Saint Julien* et *Hérodias* (et ils sont nombreux dans ce dernier cas, allant des historiens à la Bible) ont la même fonction que les choses vues qui sont à l'origine d'*Un cœur simple.* Lire des documents ou revisiter Pont-l'Evêque, cela revient au même : il s'agit de s'assurer un fond d'images susceptibles de passer (le plus souvent transformées) dans le texte, de se fournir une sorte de caution, de garantie, pour ne citer que Cl. Gothot-Mersch. Qu'on ne s'étonne donc pas de trouver, rangés les uns à côté des autres, des sujets pris dans l'Antiquité, le Moyen Age et la Modernité, dans l'historique et l'autobiographique. Le retour à Pont-l'Evêque et la lecture de Flavius Josèphe, l'historien juif né en l'an 37, dont les *Antiquités judaïques* sont parmi les sources d'*Hérodias,* se trouvent finalement au même niveau par rapport aux *Trois contes.*

Les notes des *Carnets de travail* de Flaubert, faites de mémoire ou griffonnées au cours de son excursion en Normandie au mois d'avril 1876, notes topographiques et notes descriptives sur l'église de Pont-l'Evêque, servent toutes à donner de la crédibilité à une réalité artistique, et sont d'autant plus nécessaires que l'histoire racontée et le paysage décrit sont là, devant le lecteur. Le problème de la vraisemblance de l'histoire d'Hérode est en principe le même. Se fiant largement aux savants — il en consulte même un pour s'informer sur les différentes sectes et religions de l'époque — Flaubert puise dans la *Vie de Jésus* de Renan, dans différentes descriptions de la Palestine, sans oublier les Evangiles selon saint Matthieu et saint Marc.

Comment réduire au nécessaire les informations recueillies ? Plus il s'éloigne des Temps modernes, plus Flaubert s'inquiète « à cause des explications dont le lecteur français a besoin » (à propos d'*Hérodias,* octobre 1876). En fait, il disposera librement de ses informations, et peu lui importe que la décollation de saint Jean-Baptiste n'ait pu avoir eu lieu, historiquement, dans la citadelle de Machærous, ou que la visite de Vitellius ait eu lieu après cette exécution ! La vraisemblance des faits historiques pris isolément et l'exactitude des descriptions de sites historiques importent plus que la chronologie. Flaubert avait déjà travaillé, tant soit peu, en historien et archéologue dans *Salammbô,* et comme nous l'avons vu, s'il a « peur de retomber dans les effets produits » par ce roman, c'est sans doute à cause des critiques faites par Sainte-Beuve au sujet du « procédé pittoresque » exagéré dans le roman carthaginois (*Nouveaux Lundis,* IV, p. 88). Or, chose curieuse, ce qu'il y a de plus pittoresque dans *Hérodias,* la danse de Salomé, s'inspire de choses vues : de la sculpture de la cathédrale de Rouen, de la danse de Kuchouk-Hânem racontée par Flaubert lui-même dans le *Voyage en Egypte,* ou encore du tableau de Gustave Moreau « Salomé dansant devant Hérode » exposé au Salon, en 1876 justement. Flaubert n'avait plus besoin de donner dans le pittoresque.

On voit que les inspirations sont multiples, mais il est permis de penser que ce sont les autres arts, danse, peinture, sculpture, qui ont fourni à Flaubert une confirmation artistique des idées qu'il allait formuler dans les *Trois contes.*

Notes, brouillons et manuscrits

Multiples et très variés dans le cas de Flaubert sont les avant-textes. L'usage qu'il a fait de ses notes et de ses brouillons a retenu l'attention de bien des chercheurs, et on peut conclure d'après leurs études qu'il faut chercher la véritable genèse du texte flaubertien dans l'élaboration même du texte, en deçà de la biographie, de la poétique et des documents consultés par l'auteur.

Ceci dit, certains éléments biographiques et souvenirs personnels apparaissent dans la genèse même, quoique leur fonction génératrice soit plus que douteuse, comme c'est le cas pour *Un cœur simple.* La genèse a lieu dans les brouillons manuscrits, non dans le mouvement d'une quelconque réalité vers le texte. Par exemple, les vitraux dans l'église ainsi que le groupe en bois de saint Michel terrassant le dragon, tout cela noté dans les *Carnets* (« une Sainte Vierge assise les mains jointes, au-dessus d'elle un St Esprit dans les flammes tordues »), reviennent dans les premiers brouillons du texte d'*Un cœur simple,* mais sous une forme déjà déterminée par l'imaginaire flaubertien : « le Saint-Esprit planant dominait la Vierge », « planant » comme l'oiseau, mais le mot sera reconduit à la fin du conte. Le saint Michel n'est plus celui de l'église de Pont-l'Evêque (« un saint Michel en bois terrassant le dragon » *(Carnets)*), mais celui de Félicité, puisque le saint, dans le même brouillon, « semblait défendre l'église (et) y verser comme une faveur particulière dont elle profitait — Personne n'ayant eu soin de sa jeunesse ». Toutes ces précisions sont absentes du texte définitif, mais restent révélatrices de la signification que Flaubert attachait à ce saint, tueur de dragons.

Le texte d'*Un cœur simple,* selon G. Bonaccorso, est né à partir d'un plan de l'histoire de Félicité rapidement jeté sur le papier, et développé à l'aide de notes pour aboutir à des scénarios et à des résumés. Le déroulement du récit ainsi fixé, commence l'élaboration pénible du récit, à l'aide d'esquisses et de brouillons, finissant dans une mise au net du manuscrit. Il ressort de ces esquisses et de ces brouillons un phénomène particulier, la réécriture continue.

Les notes de lecture comptent évidemment beaucoup plus dans la genèse de *Saint Julien* et d'*Hérodias.* Pour le premier, les notes prises par Flaubert après son retour de Concarneau sont même recopiées sur des pages folio pour être directement utilisées pendant la rédaction de la première partie du récit. Or, en observant par exemple l'emploi d'une information recueillie dans les ouvrages de vénerie, on peut, d'un type de texte à l'autre, se rendre compte du travail accompli. Parfois Flaubert reprend telle quelle une information : le loup des notes de lecture, qui « mange les hommes morts ou les pendus attachés bas ou tombés du gibet », devient les « loups qui rongeaient des cadavres au pied d'un gibet » dans le texte définitif (200/86) ; toujours en se référant aux notes, les lièvres qu'on chasse en battant du tambour sont débusqués de la même façon dans le récit de la chasse de Julien. Mais il arrive que l'écrivain modifie radicalement l'information recueillie dans les livres, déterminé à respecter les besoins de son propre texte. Ainsi, les « griffons » de la meute de Julien ont des « poils rudes » dans les notes, alors que le texte définitif les qualifie de « poilus comme des ours » ; cette comparaison est peut-être provoquée par le contexte, puisque Julien tue aussi des ours, et « à coups de couteau », sans les artifices autrement requis à la chasse, et qu'il méprise. Le texte délimite de la sorte un univers dominé, à un certain moment, par la force et la férocité réciproques. Autre exemple d'une écriture infidèle au *texte* des notes de lecture : une note nous informe que « le cerf étant debout, le veneur doit lier son cheval, venir de loin par-derrière, se couvrir des arbres — le frappe en jetant son épée ou lui coupe le jarret »; or, dans *Saint Julien,* le jeune chasseur fait face au cerf qui en le voyant fait un bond vers lui avant d'être atteint « au front » par la dernière flèche. Le texte littéraire accentue le combat au corps à corps dans un monde de violence.

Il arrive ainsi que Flaubert, en réécrivant ses notes de lecture, leur donne une nouvelle tournure tout en rehaussant le personnage principal sur un fond de détails réalistes. Ce changement est significatif et correspond exactement à l'évolution du personnage de Julien qui transgresse les leçons de son père et méprise ces « commodes artifices », préférant *« chasser loin du monde »,* animal parmi les animaux, chien parmi ses chiens. Constatons-le encore une fois : le travail du texte est tout chez Flaubert, les sources ne comptent que très peu.

En sera-t-il vraiment de même dans *Hérodias,* où le cadre historique demande beaucoup d'informations? Un carnet de dix feuillets est réservé au dernier des trois contes, datant sans doute des mois d'août et de septembre 1876 où Flaubert consultait des ouvrages sur la Palestine. Ils contiennent également des descriptions numismatiques. Des détails topographiques sont repris dans le texte de Flaubert, ainsi que des informations sur plusieurs personnages. Néanmoins, G. Bonaccorso, ayant examiné l'emploi de ces notes, conclut que Flaubert, tout en exploitant ses sources livresques et en établissant le fondement historique de son récit, en demeure à l'« esthétique du vague ».

Prenons un exemple simple montrant que le conte est plus poétique que documentaire — et, d'ailleurs, comment se fier à des historiens comme Eusèbe (264-338; Flaubert a consulté son *Histoire ecclésiastique*) qui n'était pas témoin, mais se basait lui aussi sur des documents ou sur la tradition? En étudiant les brouillons du début du conte, on trouve un mélange d'informations historiques, stratégiques et topographiques, alors que le texte donné à lire au public présente une perspective qui est celle d'un des personnages principaux : le poids historique est élagué du texte définitif qui, en plus, est délesté des informations précises sur le paysage. Ce qui reste, c'est un regard se portant du lointain jusqu'au plus rapproché, en suivant tout un système de retranchement et d'encerclement qui symbolise la situation politique et mentale d'Hérode. Ce texte, comme les deux autres, dans sa forme définitive, n'est plus historique ou documentaire, il n'obéit désormais qu'à des principes de création internes, c'est-à-dire littéraires.

Le(s) texte(s)

Le(s) genre(s)

« Conte » est un terme souvent employé au XIXe siècle pour désigner un récit bref; il recouvre indifféremment le conte fantastique (par exemple « Le Pied de momie » de Gautier qui figure en 1863 dans un volume de *Romans et contes*), et la nouvelle (par exemple les *Contes* de Musset (1854), les *Contes cruels* (1883) de Villiers de l'Isle-Adam, et les *Contes de la bécasse* (1883) de Maupassant). Le conte, parfois, ressemble à la légende (*La Légende de sœur Béatrix* (1837) de Nodier), ou en emprunte la désignation comme « La Légende de l'homme à la cervelle d'or » (légende « malgré ses airs de conte fantastique », dans *Lettres de mon moulin* (1869) de Daudet). Depuis les temps du conte populaire, ce récit court, frôlant le fantastique, rapporte un ou plusieurs événements liés, sans l'ampleur ou la profondeur du roman, mais avec ce caractère de réalité vécue qui l'apparente à la nouvelle. Dans une lettre (17 juin 1876), Flaubert appelle lui-même ses trois textes des « nouvelles »; en 1877, Brunetière parle dans sa critique du livre de « trois nouvelles »; pour Jules Lemaître, *Un cœur simple* est un « roman, très court »; pour un autre critique, c'est un « petit roman de mœurs ».

Le titre de Flaubert regroupe des textes disparates en ce qui concerne l'histoire racontée : histoire d'une vie entière dans le cas de Félicité, histoire d'une vie coupée en épisodes dans celui de Julien, ou formée d'un seul épisode dans celui d'Hérode. Les textes — passant ainsi de l'ensemble au fragment — semblent davantage obéir à des principes internes qu'à ceux d'un genre. Le premier a l'apparence d'une nouvelle inspirée du roman réaliste, le second celle d'un conte fantastique, le troisième celle d'un récit inspiré du roman historique. On sait que le genre de la nouvelle, le plus variable qui soit, peut se réaliser de plusieurs façons, mais qu'il demande presque toujours une certaine concentration. La nouvelle est donc souvent épisodique, racontant l'aventure d'un seul personnage, dans une action unique, éventuellement relevée par un tournant qui détermine la suite, ou encore, à la fin, par une culmination soudaine et souvent imprévue.

Un cœur simple est celui des trois textes qui répond le mieux à ces critères. Centré sur un seul personnage, le récit présente une seule action, délimitée dans l'espace et le temps (cf. le premier paragraphe du conte), sans éléments fantastiques (le perroquet confondu avec le Saint-Esprit n'est qu'une hallucination de la mourante), se déroulant dans un cadre vaguement historique (deux ou trois références ; indication des années). L'arrivée du perroquet pourrait être le tournant qui détermine la dernière partie de la vie du personnage jusqu'à la culmination dans la vision finale. Et pourtant, non seulement il s'agit de la vie entière d'un personnage, et non pas d'un événement ou d'une seule aventure, mais le rythme du récit est peu conforme à celui de beaucoup de nouvelles, avec son déroulement monotone d'événements qui se répètent. Dès lors, le terme plus vague de « conte » semble se justifier pour désigner ce récit.

Le problème se présente d'une manière assez différente dans *Hérodias,* mais notre conclusion sera la même. A l'opposé d'*Un cœur simple* (temps continu) et de *Saint Julien* (temps sectionné), *Hérodias* ne se construit pas selon un principe de temporalité, mais selon celui d'une causalité (cf. M.-J. Hanoulle) culminant dans la décollation provoquée indirectement par Hérodias qui veut se venger des imprécations réitérées de saint Jean-Baptiste contre elle. La décollation étant imprévue, même par

Hérode, nous arrivons là à un point culminant, l'arrivée de Vitellius ayant déjà marqué le tournant de l'action. La matière historique du conte, quant à elle, ne jure pas avec ce qu'on voit dans plusieurs nouvelles du XIXᵉ siècle (par exemple *Les deux rêves* et *Le Réquisitionnaire* de Balzac, *Vision de Charles XI* et *L'Enlèvement de la redoute* de Mérimée). Et pourtant, le texte se distingue de la nouvelle par l'action qui, rien moins que simple, est au fond plus propre à être développée dans un roman historique. Il est vrai que les thèmes (politique, religieux, sexuel...) sont rattachés au personnage d'Hérode, et que les histoires (de Rome, de Palestine, des familles d'Hérode et d'Hérodias, des Juifs, du christianisme...) convergent dans l'épisode raconté, mais Hérode n'est pas le seul personnage concerné ; Hérodias, saint Jean-Baptiste, et même Jésus, ne le sont pas moins. A trois ou quatre actions, trois ou quatre personnages importants. On ne peut même pas prétendre à une succession des thèmes et des actions, puisque tout s'enchevêtre, dès avant la scène finale du festin, dans une structure très compliquée, une construction qui n'a pas la rigueur de la nouvelle. *Hérodias* n'est donc pas conforme aux principes essentiels de ce genre. Reste le concept plus général du « conte ». Mais c'est un conte qui, remarquons-le, fait l'inverse d'*Un cœur simple,* abrégeant là où celui-ci étend, creusant où celui-ci étale...

Saint Julien, le conte médian, diffère des deux autres, n'ayant ni le poids de l'Histoire qui est le propre d'*Hérodias,* ni les indications chronologiques qui ponctuent *Un cœur simple.* Les ennemis combattus par Julien au chapitre II sont nommés sans être situés historiquement, et on se demande dans quel siècle on pouvait mener des guerres à la fois contre les Parthes, les « Scandinaves recouverts d'écailles de poisson », et les Anthropophages... Le texte verse dans le mythique, et il ne reste finalement que l' « histoire » de Julien, comme le dit le post-scriptum. Dans un des brouillons, le terme « légende » figure dans ce post-scriptum ; or, rien n'est plus déterminé d'avance qu'une légende, et la remanier serait contester le pouvoir de Dieu ordonnant le cheminement d'une personne élue vers la sainteté. D'où la juste remarque de R. Debray Genette (1979) : « Julien est l'objet du mal comme du bien, il est, par excellence, un sujet transformé en objet, chargé d'incarner des forces qui dépassent la simple individualité. » Tantôt nous lisons l'histoire du mal accompli par le jeune chasseur, tantôt le rachat « grâce à la faveur divine » (205/91) par la guerre sainte ; tantôt le retour au meurtre et tantôt le dépouillement de soi dans l'action humanitaire, l'ensemble formant un destin personnel. La transfiguration finale de Julien orienterait ce texte vers le conte fantastique, comme le font aussi le cerf parlant et les deux prédictions au début du texte, alors que le tournant formé par le double meurtre, élément plutôt réaliste, ferait songer à la nouvelle. Il ne semble alors rester, comme dénominateur du texte, que le terme supérieur de « conte » — inscrit d'ailleurs dans *Saint Julien,* puisque Julien se fait le conteur de sa propre histoire (216/102).

Chaque conte fait varier à sa façon ce modèle sans règles bien définies, selon les lois de la nouvelle, de la légende, ou encore du roman historique. Les différences sont apparemment dictées par le fait que Flaubert décrit trois époques différentes. Pour mettre en scène l'Antiquité, quoi de plus naturel que de passer par les historiens, de Flavius Josèphe à Renan ? Pour ressusciter le Moyen Age, quoi de plus tentant que de le faire dans une légende ? Enfin, pour l'âge moderne, quoi de plus approprié que de se laisser inspirer du roman réaliste moderne ? Le terme « conte », qui couvre les trois formes, s'est quasiment imposé à Flaubert — il est à peine un pis-aller.

Matière et forme

On peut se faire une idée de la diversité des matières dans les *Trois contes* en considérant les notes préparatoires de chacun des textes (cf. ci-dessus *Le(s) pré-texte(s)*). Chaque dossier semble avoir été constitué par un auteur qui se penche sur un monde précis, où il essaie de s'informer sur les hommes et ce qui les entoure (nature, animaux, monuments), ainsi que sur leur vie de tous les jours. Se faisant parfois sociologue ou ethnologue, l'auteur définit ainsi la matière extra-textuelle, tremplin de l'œuvre, ou mer couverte de balises entre lesquelles il pourra naviguer. Le dossier préparatoire d'*Hérodias* est un exemple de l'existence d'une telle matière pour Flaubert, puisqu'il contient, dans un ordre dispersé selon les lectures entreprises, des informations sur 1 / le Messie/Jésus et saint Jean-Baptiste ; 2 / les Juifs et les différents partis qui les partagent ; 3 / Hérode et Hérodias et leurs familles respectives ; 4 / le site de la citadelle d'Hérode. La matière intra-textuelle se nourrit de ces bribes d'un monde disparu et imaginé.

La matière d'*Un cœur simple* est différente, venant d'un cadre très précis, la Normandie de la première moitié du XIXe siècle, lieu et temps proches de l'auteur, son propre monde pour tout dire. Les deux contes qui le suivent éloignent progressivement le lecteur de ce monde, d'abord vers l'Europe du Sud un millénaire environ avant le XIXe siècle, ensuite vers l'Orient un millénaire encore plus tôt, mouvement rétrogradant dans l'espace et le temps, du familier vers le non-familier, et finissant dans l'exotique. *Un cœur simple* peut encore faire appel au lecteur contemporain qui s'y reconnaît. De ce monde imaginaire, il est encore possible de faire une sociolecture, en déchiffrant ce que Flaubert a vu, donc ce qu'il a « arrangé » et « fondu » plus tard, comme il le disait dans une lettre, et de dégager ce que son lecteur, lui aussi, a vu ou a pu voir.

Le début nous met au cœur du pays : « Pendant un demi-siècle, les bourgeoises (...) envièrent à Mme (...) sa servante (...) », milieu provincial, où il est normal que tous les regards se dirigent vers un seul point et qu'on porte un jugement sur un rapport social familier (« Madame »/« servante »). Suivent les activités familières : ménage, marchandages, garde d'enfants. Allez voir, tout cela est encore là-bas, tout à fait réel ! Un quartier (Sainte-Mélanie) plus riche que d'autres, des meubles (« fauteuil de paille ») plus modestes que d'autres, des bergères, des gravures d'Audran, le tablier à bavettes comme celui des infirmières d'hôpital.

Invariable, le monde de Félicité s'est constitué après un certain changement, séparant « un temps meilleur » et « un luxe évanoui » des humbles conditions actuelles, dans lesquelles, cependant, on s'efforce de conserver un reste de luxe : une des redingotes de « Monsieur », comme une illusion de continuité. Par la suite, le monde ne varie guère, il est ordinaire, banal, comme l'est l'histoire d'amour de la jeune Félicité. Pont-l'Evêque avec son église, Honfleur, Deauville, Le Havre, autant de stations sur sa route à travers un pays connu ou reconnaissable. Cette matière du conte est prise en charge par une composition plate, une structuration simple de la vie sociale et morale d'une servante, réglée par la répétition et la continuité (cf. Penzkofer). Flaubert résumait lui-même le conte de la façon suivante :

> Elle aime successivement un homme, les enfants de sa maîtresse, un neveu, un vieillard qu'elle soigne, puis son perroquet ; quand le perroquet est mort, elle le fait empailler et, en mourant à son tour, elle confond le perroquet avec le Saint-Esprit (lettre du 19 juin 1876).

La continuité dans laquelle se parachève la forme de ce récit est marquée par certaines expressions, verbales et adverbiales surtout, telles que l'imparfait (plus étendu dans la première partie), ou des tournures comme « Tous les jeudis » (161/47), « Chaque lundi matin » *(ibid.)*, « A des époques indéterminées » (162/48), « Presque toujours » (166/52), « D'autres fois » *(ibid.)*, plus fréquentes dans I, II et III, que dans IV et V. Dans cette vie régulière et bourgeoise, il est normal qu'une jeune fille, abandonnée de son amant, cherche un emploi; il est normal que, femme sans enfants, elle rejette son amour sur l'enfant d'une autre; il est normal, enfin, qu'elle mette son âme généreuse au service d'un malade...

En accord aussi avec ce caractère d'époque sont les commentaires du narrateur, expliquant, relativisant, et ainsi nivelant l'histoire de Félicité : la réaction de celle-ci devant M. Bourais n'est que « ce trouble où nous jette le spectacle des hommes extraordinaires » (162/48); lorsqu'elle écoute attentivement le catéchisme, c'est parce que « son éducation religieuse [a] été négligée dans sa jeunesse » (169/55); enfin, elle ne serait pas étonnée si Virginie une fois morte ouvre les yeux, car « pour de pareilles âmes le surnaturel est tout simple » (177/63). Les éclaircissements fournis par le narrateur d'*Un cœur simple* ne sont pas à négliger non plus : à Geffosses, l'habitation de plaisance a disparu (163/49) (qu'on n'aille donc pas la chercher!); dans ce temps-là, les bains de Trouville « n'étaient pas fréquentés » (164/50) (d'où le besoin de prendre des renseignements).

Mais la normalité ainsi appuyée par une rationalité des plus plates n'est que la marque extérieure d'un grand mouvement intérieur, qui mène Félicité de « l'eau des mares » à l'ascension finale vers « les cieux entrouverts ». A travers la successivité, qui est le principe même des trois grandes étapes de sa vie (jeunesse, Théodore, les enfants ; maturité, mort de Victor et de Virginie ; vieillesse, le perroquet), on perçoit un sens différent, celui d'une ascension symbolisée par les images chrétiennes auxquelles nous reviendrons.

On ne retrouve ni la continuité, ni la successivité dans les deux contes suivants, mais on retrouve l'ascension ; à ce niveau-là, donc, une homologie se devine dans la diversité. Mais quand on passe du réel comme document-matière dans *Un cœur simple* à la matière écrite ou peinte de *Saint Julien,* tout change. En effet, *Saint Julien flotte* dans le Moyen Age, la vie racontée n'est pas rattachée explicitement à l'Histoire, toile de fond dans *Un cœur simple,* mais se réfère à elle-même, selon les oppositions et inversions établies. La matière n'est que vaguement « moyenâgeuse » (cf. les « armes de tous les temps et de toutes les nations » (194/80)) ; la légende donne lieu à quelques scènes de chasse, de la vie d'un châtelain chrétien, et de la lutte des chrétiens contre les musulmans, mais sans qu'on sache précisément à quelle époque se passe l'histoire. Il en est ainsi de toutes les légendes, où le message importe plus que le fond historique. Ce message est déterminé, le cas échéant, par les cadres du vitrail qui déjà sectionnent la vie du saint.

Quant au narrateur, ou au conteur plutôt naïf de *Saint Julien,* il est très différent de celui d'*Un cœur simple,* ajoutant simplement, deux ou trois fois, quelques commentaires comme « C'est lui, et pas un autre, qui assomma la guivre... » (206/92), ou « Julien fut ébloui d'amour, d'autant plus qu'il avait mené jusqu'alors une vie très chaste » (207/93). Ces commentaires soulignent sa véracité, face à un auditoire déjà disposé à écouter une légende et qui ne songerait pas à douter de « la volonté de Dieu » (215/101).

Il n'empêche que l'histoire de *Saint Julien* s'ordonne, comme dans les deux autres contes, en trois étapes (au lieu des cinq parties prévues dans un « plan » de Flaubert). Ces trois étapes sont définies par les trois habitations de Julien, le château du père (l'épisode des *prédictions* et de la chasse), le château de l'homme marié (l'épisode de la chasse manquée et du *crime*), la « cahute » du pauvre (l'épisode de l'*expiation*). Ordre tripartite, mais totalement différent de celui d'*Un cœur simple*, dans la mesure où la vie de Julien est une vie brisée qui ne connaît pas la continuité. En effet, la vie de Julien se trouve transformée totalement deux fois, par la prédiction et par le meurtre, jetant le protagoniste de la paix dans la guerre et de la vie sédentaire dans l'errance.

L'univers de Julien n'est pas dominé par des actes dictés selon une rationalité humaine. Sa vie est une fatalité dont la raison lui échappe, et qui divise le monde d'une manière manichéenne en ordre divin et ordre terrestre, en paix et en guerre, en amour (parents-enfant ou époux-épouse) et en violence. Julien passe deux fois d'un côté dans l'autre, et même à l'intérieur de chaque étape il vit des épisodes radicalement différents les uns des autres (cf. la vie civilisée au château *vs* la chasse carnassière). Mais d'une étape à l'autre, d'un cadre à l'autre, à travers les inversions (la première chasse invertie dans la deuxième) et les oppositions, on note plusieurs correspondances, en particulier entre les symboles et les autres éléments chrétiens, qui assurent la cohérence intérieure du conte. Jusqu'à la dernière étape, où il renie les biens terrestres, évite les villes et refuse l'argent pour se remplir d'amour pour le prochain, son ascension est préparée — car lui aussi accomplit une ascension (« Julien monta vers les espaces bleus (...) dans le ciel »), par une série de transformations.

Tout cela change dans *Hérodias.* Et pourtant beaucoup de choses ont été *vues* pendant le voyage en Orient de Flaubert, où il avait constaté que le Jourdain avait « la largeur de la Toucques à Pont-l'Evêque » *(Voyage en Egypte)* ! Cependant, l'idée profonde du texte l'a obligé à se pencher sur des ouvrages d'histoire, à relire la Bible, à mettre sur pied un style historique où un narrateur-historien bien informé, sinon omniscient, maîtrise une abondante matière (« Depuis son enfance, [Hérodias] nourrissait le rêve d'un grand empire » (229/115) ; « le lendemain, la sacrificature leur fut rendue » (249/135)). Sur un ton très vif, ce narrateur rapporte le discours direct des personnages, fait le détail de leur aspect, fournit des explications nécessaires pour bien comprendre leurs actions et leurs réactions, leur caractère même, et quelquefois ajoute une comparaison qui nous aide à saisir le sens caché de l'histoire (« on aperçut Hérodias qui avançait d'un air d'impératrice » (233/119) ; « une voix lointaine, comme échappée des profondeurs de la terre » (225/111)).

Alors qu'ils collent à la progression du narré dans *Un cœur simple,* les rares commentaires ici concernent le contexte politique et historique (« Philippe, son troisième frère souverain de la Batanée... » (224/110)), au présent comme au passé, le narrateur se faisant alors historien contemporain des événements, adoptant les croyances de ses personnages (« Ils descendaient de la déesse Vitellia » (233/119)), ou vivant quelques siècles plus tard (cf. le commentaire à propos de Iaokanaan : « le même que les Latins appellent Saint Jean-Baptiste » (225/111)). Flaubert avait peur, on s'en souvient, de tomber dans le piège de *Salammbô,* c'est-à-dire celui des explications techniques et archéologiques, exotiques pour tout dire. Il les évite, habituellement, à tel point que le texte, par endroits, apparaît comme énigmatique pour le lecteur (« tu regrettes la fille arabe qui danse autour des pierres » (230/116)). Sauf exception, on finit donc par lire le texte comme on lisait *Un cœur simple,* à savoir comme l'histoire racontée par un narrateur assez proche des événements.

Mais il y a plus. Alors que dans les deux contes précédents on raconte, sous deux formes différentes, une vie entière, maintenant il n'est plus question que d'une seule journée, d'un seul moment, celui d'un désastre déterminé par plusicurs facteurs convergents. Plus de continuité, plus de transformation — ce qui est en jeu dans *Hérodias* demande d'autres concepts. Nous proposons ceux d'*implosion* et de *révolution.* Dans une concentration étonnante, l'histoire d'Hérode donne à lire, d'abord, l'ambition et le désir de vengeance d'Hérodias (le présent), ensuite les menaces qui, en la personne de Vitellius, représentant de Rome, pèsent sur la tête du Tétrarque (le présent), coincé entre les rivalités des Juifs (le présent) et le danger militaire venant du roi arabe (le passé), enfin l'annonce d'un Messie (le futur). Dans chacun de ces trois scénarios, Hérode est au centre, faible, peureux, hésitant, laissant arriver vers la fin du conte l'implosion qui détruit son pouvoir. Loin de se défendre devant Vitellius, loin de prendre des mesures contre les Arabes, d'intervenir en souverain dans les litiges des Juifs, il se laisse entraîner par une dernière faiblesse pour une jeune fille appétissante. Un nœud se noue autour de lui qui ne se laisse dénouer que par une révolution, celle de l'avènement de Jésus-Christ, donc celle d'une ascension (cf. le « Pour qu'il grandisse, il faut que je diminue » (226/112)). Révolution qui est à l'origine des *temps* chrétiens, incluant le XIXe siècle et cette religiosité moderne singulièrement décadente comparée à la ferveur des premiers Chrétiens.

Les différences complémentaires de la matière et de

la forme des *Trois contes* peuvent s'inscrire dans le schéma suivant :

Matière	*Forme*
1. *Un cœur simple* Temps modernes. Province de France. Evolution sociale et morale d'une servante.	1. Vie continue. Répétitions. Etapes homologues. Récit tripartite.
2. *Saint Julien* Moyen Age. Europe du Sud. Vie d'une famille de châtelains riches. Vie d'un saint.	2. Vie brisée, sectionnée, étapes opposées. Récit tripartite.
3. *Hérodias* Antiquité. Orient. Journée dans la vie d'Hérode Antipas, et de sa femme Hérodias.	3. Moment d'une vie. Action multiple et compliquée. Récit tripartite.
Narration	*Principes de la forme*
1. Narrateur explicite, commentateur. Presque contemporain.	1. Rationalité. Positivisme. De la successivité à l'ascension.
2. Conteur (oralité) se manifestant deux ou trois fois.	2. Manichéisme. De la transformation à l'ascension.
3. Narrateur-historien omniscient. Presque contemporain.	3. Implosion révolutionnaire. De la convergence à l'ascension.

Réalisme et symbolisme

Si Flaubert, comme nous l'avons vu, refuse toute appartenance à une école, réaliste ou naturaliste, c'est parce que lui vise avant tout un certain style et une certaine beauté de l'écriture. Les brouillons montrent comment il passe, au cours d'un long travail portant sur l'enchaînement des phrases, la syntaxe, les tropes, les figures, à des allégements d'un réalisme très élaboré, de sorte que les choses et les constellations des choses et des êtres humains représentés (il a un sens très sûr de la *mimesis*) prouvent leur réalité sans qu'on y voie la griffe de l'écrivain.

On a montré (Debray Genette, 1988) que le réalisme d'*Un cœur simple* tient surtout aux indications temporelles, au développement du caractère de Félicité, à l'expansion balzacienne du monde extérieur, à l'intrusion du narrateur, aux descriptions, et aux motivations ou explications. Beaucoup de tout cela est encore plus marqué dans les manuscrits que Flaubert nettoie et condense, en se contentant du juste nécessaire. Dès lors, la représentation écrite, description ou action, apparaît empreinte d'une rigueur logique, et tenant à la seule surface des choses. Dans *Saint Julien,* justement, le narrateur intervient fort rarement ; voici cependant un exemple, où deux explications motivent le geste de Julien :

> Comme il n'avait pas ses flèches (car son cheval était resté en arrière), il imagina de descendre jusqu'à eux... (201/87).

Dans *Un cœur simple,* au contraire, la présence du narrateur est plus marquée ; mais voici un exemple où un simple enchaînement de phrases suffit pour expliquer le fait de trébucher :

> Cette maison (...) avait intérieurement des différences de niveau qui faisaient trébucher (157/43).

Les deux cas nous montrent que la vision du monde de Flaubert ne va pas de soi : les mots ne collent pas à la réalité, et le sens de la réalité n'est pas immédiatement saisissable par les mots. Ce qui se présentait d'abord nettement comme matière pour le travail de l'artiste, puis comme image du monde, se complique dans la lente transformation en réel du texte. Si parfois les explications s'accumulent facilement (« tout l'appartement sentait un peu le moisi, car le plancher était plus bas que le jardin », 157-158/44), dans d'autres passages, les choses figurent seules, dans leur propre nudité, pour produire cet « effet de réel » que R. Barthes proposait de voir dans les romans réalistes :

> Contre le lambris peint en blanc, s'alignaient huit chaises d'acajou. Un vieux piano supportait sous un baromètre un tas pyramidal de boîtes et de cartons. Deux bergères de tapisserie flanquaient la cheminée en marbre jaune et de style Louis XV. La pendule, au milieu, représentait un temple de Vesta ; (...) (157/43-44).

Chez Flaubert, il arrive que la répétition vienne attribuer un sens au réel représenté, le contexte conférant au représenté des fonctions différentes. On aboutit alors à un symbolisme intérieur au texte. La métaphorisation, de son côté, opérant surtout à l'aide de comparaisons, sert plus directement à cette fin. Par exemple, la description « (...) et par-dessus sa camisole un tablier à bavette, comme les infirmières d'hôpital » (158/44), fait de Félicité un symbole de charité ; et la « joie surhumaine [qui] descendait comme une inondation, dans l'âme de Julien pâmé » (221/108), symbolise un véritable baptême, précédant de peu seulement la mort, tout comme « la crèche et le sépulcre » se trouvent rapprochés dans le récit des pèlerins (197/83). Le réalisme et le symbolisme se côtoient ou se superposent dans tout le recueil. Deux exemples suffisent à le montrer.

Le premier est l'opposition entre la ville, le château et la citadelle, d'une part, et de l'autre, le monde. Pont-l'Evêque, avec ses bourgeoises, son pharmacien, son curé, son église, son auberge, est un réel fermé sur lui-même. Qui sort de ses murs, que ce soit pour une partie de campagne, pour des vacances, ou pour affaires, y revient ; qui s'en va pour plus longtemps (Victor, Virginie, Paul) meurt, ou revient brièvement en ennemi. Le château des parents de Julien, soigneusement décrit de l'extérieur à l'intérieur, présentant plusieurs effets de réel (« Les quatre tours aux angles avaient des toits pointus ») renforcés par des explications (à quoi servait un « mail » ?), est un lieu entièrement fermé sur lui-même, bien défendu, réservant une place à la religion (« Les pavés (...) comme le dallage d'une église »). La guerre n'atteint jamais ce refuge, dont le charme n'est rompu que par les premières manifestations de la violence de Julien. Et c'est seulement dans son propre château, beaucoup plus ouvert vers l'extérieur (seules les « montagnes (...) fermaient au loin l'horizon » (207/93)), qu'aura lieu le meurtre. Enfin, la citadelle d'Hérode, dont les fortifications et le site sont décrits en détail, est inexpugnable, sauf lorsque le Tétrarque laisse entrer l'ennemi (Jean, Vitellius) ; alors le sang coule. Symboles de l'enfermement, de la paix, de la protection, bref de l'Homme menacé, la ville, le château, la citadelle recouvrent un même symbole, laissant voir malgré la variation leur sens profond.

Second exemple, pris dans un autre registre : l'élément fantastique. Entièrement intériorisée dans *Un cœur simple,* la vision finale de Félicité est un effet réaliste de sa psyché dérangée. En revanche, dans *Saint Julien,* la vision correspondante relève du fantastique, ou plutôt du merveilleux chrétien. Les trois prophéties sont typiquement fantastiques, crédibles pour un auditoire du Moyen Age, en même temps qu'explicables (il s'agit peut-être d'un rêve, d'un effet de la brume, d'une fantasmagorie). Dans *Hérodias,* l'astrologie étudiée par Phanuel ne peut être mise en doute : si c'est écrit dans les étoiles, c'est que cela doit arriver — et cela arrive. Comme dans le premier exemple, il y a donc répétition avec gradation, d'un conte à l'autre, d'un élément précis (psychologie → croyances → fatalité). En même temps, la valeur symbolique de cet élément ressort de la répétition même : il s'agit de l'Homme confronté à de puissantes instances transcendantes.

Parfois, réalisme et symbolisme s'opposent directement. Alors que la technique de la chasse est décrite d'une façon réaliste — à grand renfort de documents, nous l'avons vu —, la chasse elle-même prend des allures hallucinantes, suivant un rythme accélérant, se nourrissant d'elle-même, puisque, après le blaireau et le paon, « d'autres blaireaux se présent[ent], d'autres paons — et des merles, des geais », etc., « tout s'accomplissant avec la facilité que l'on éprouve dans les rêves » (202/88). Les flèches envoyées par Julien pour tuer les cerfs sont innombrables et tombent « comme les rayons d'une pluie d'orage » *(ibid.)*. Ceci n'est plus une scène réaliste, mais symbolique ; en effet, se trouvant « dans un pays quelconque, depuis un temps indéterminé, par le seul fait de sa propre existence », Julien vit un rêve symbolisant sa nature violente, signe qu'il se trouve décalé par rapport au monde réel ; comme d'ailleurs dans un autre passage, où il se voit en Adam entouré d'animaux paisibles (208/94). Il en est de même des chevaux d'Hérode symbolisant, dans un cadre dont la description glisse vers le fabuleux, un rêve d'esthète, finalement peu guerrier.

Enfin, dans les trois textes figurent des éléments qui sont déjà des symboles au niveau de la réalité représentée, tels que l'image d'Epinal du Saint-Esprit, l'os de martyr dans le cadre d'escarboucles au-dessus du lit de la mère de Julien, l'héliotrope et le basilic du premier château, enfin la médaille ornée du profil de Tibère (244/130). L'exemple le plus clair est sans doute l'église de Pont-l'Evêque, dont les vitraux (clin d'œil au vitrail qui a inspiré la légende de *Saint Julien* !), comme l'Histoire sainte racontée par le prêtre, viennent symboliser ce que Félicité voit chaque jour, « toutes ces choses familières dont parle l'Evangile » (168/54-55) (cf. le texte du manuscrit : « Le symbole devenait (pour) elle la réalité stricte *ainsi* les objets (...) *n'était qu'un* reflet, une répétition, une continuité des choses *faites* divines »). Ce qu'elle ne conçoit pas, le lecteur le voit : le vitrail représentant le Saint-Esprit dominant la Vierge symbolise le perroquet et Félicité ; Jésus-Christ naissant parmi les pauvres, c'est encore elle-même, saint Michel terrassant le dragon fait songer à Félicité arrêtant le taureau, et l'histoire de la Passion peut être associée à Félicité au calvaire (172/58). Symbolisme intérieur au texte, donc, qui fait du personnage principal non pas une sainte, certes, mais un être humain vivant naïvement l'Evangile.

Les personnages sont comme pris dans ce symbolisme. Julien est poursuivi des signes évoquant le meurtre (« Il rechercha les solitudes. Mais le vent apportait à son oreille comme des râles d'agonie » (216/103)), Hérode du présage de « la mort d'un homme considérable » (243/129). Il en sort tout un imaginaire symbolique, et les symboles, par un jeu inverse de celui qui mène du réel au symbole, deviennent presque, pour le personnage comme pour les lecteurs, toute la réalité. Voici quelques exemples.

La chambre de Félicité. La description de cette chambre (186/72), « chapelle » et « bazar » à la fois, ne peut être faite que tard dans le récit, quoique, suivant une autre logique plus réaliste, elle pourrait figurer dans la description de la maison de Mme Aubain. Mais qui aurait compris ce que signifient les objets accumulés par Félicité et qui symbolisent toute sa vie ? Vie désormais sans présent, constituée par des « objets religieux », qui rattachent Félicité à une transcendance, des « choses hétéroclites » venant du passé et évoquant des « jours disparus ». Le présent est quasiment annulé au profit de ces deux ailleurs ; ainsi se rapproche-t-on du moment où meurt

Félicité. Les choses ne représentent pas pour elle la réalité vécue, mais font partie d'une image totale (comme l'image d'une vie créée par un livre), ou d'un symbole de vie où le terrestre s'appuie sur le céleste comme Loulou sur l'image du Saint-Esprit. C'est l'ensemble qui a valeur de symbole, et non pas les différents détails qui ne font que rappeler (la boîte donnée par Victor, les cahiers d'écriture des enfants, la paire de bottines de Virginie), et cela, sans la dimension temporelle qui était la leur.

Le taureau. Cet élément est d'un autre ordre, traduisible en « animalité », mais seulement pour le lecteur, non pour Félicité qui ne fait que résister contre la menace de mort et défendre l'amour sublimé qu'elle porte aux enfants. L'animalité en tant que thème dans le conte fait partie d'un « avant » et d'un « après » la trahison de Théodore : avec lui les chevaux traînent tranquillement leurs pas (160/46), plus tard Félicité est renversée par les chevaux de la malle-poste (185/71). Ainsi, le symbole du taureau s'intègre à l'ensemble symbolique du texte, alors que le symbolisme religieux est déterminé par la tradition chrétienne.

Le château. Sauvegarde de la paix, le premier château dans la légende de saint Julien fait l'objet d'une description modèle : déjà protégés par les bois, ses quatre murs baignent dans les douves, puis une enceinte de pieux défend la construction, enfin l'ensemble est entouré « d'une forte haie d'épines ». L'Eglise est représentée dans ce château de la paix non seulement par une chapelle, mais aussi par le dallage de la cour, par les héliotropes, et par l'archer qui ressemble à un moine. Ce château, décidément, a reçu la bénédiction du ciel, car il symbolise un concordat entre le pouvoir séculier et le pouvoir religieux — concordat qui sera rompu lorsque le sang de la souris vient tacher l'autel, signe prémonitoire de la scission entre le destin séculier de Julien (« beaucoup de sang (...) la famille d'un empereur ») et sa religiosité (« ton fils sera un saint »). Mais il faut ajouter d'autres détails qui symbolisent, dans cette paix si bien défendue, la richesse : « A l'intérieur (...) des tapisseries (...) protégeaient du froid ; et les armoires regorgeaient de linge, les tonnes de vin s'empilaient (...) des sacs d'argent. » Tous ces éléments reviennent dans la dernière scène du lépreux qui cherche auprès de Julien la chaleur, une couverture, quelque chose à boire. Le château est aussi l'endroit où on garde injustement, de façon peu chrétienne, ses richesses. Julien, lui, partagera les siennes avec le lépreux. La fonction symbolique du château irradie donc dans le texte, et même dans *les* textes, si l'on songe à la charité exercée par Félicité, et, inversement, à la cruauté d'Hérodias.

L'épée sarrasine, autre signe prémonitoire, n'est guère, comme le disent certains, un symbole sexuel, ou signe d'une révolte œdipienne de Julien contre son père. Il serait plus simple, et moins hasardeux, d'interpréter cette arme comme le symbole de la violence à laquelle a participé le père et dans laquelle va se jeter Julien. Tout appel à la guerre fera renaître la violence, et nous verrons bientôt Julien combattre les Maures comme l'avait fait son père. Il n'y a certainement pas d'Œdipe dans cette histoire de saint, d'autant plus que Julien tue presque, et tuera finalement, sa mère en même temps que son père.

La citadelle d'Hérode se distingue sur un point du premier château de Julien et de ses parents, ceux-ci vivant dans la tranquillité, Hérode dans l'angoisse ; le mouvement qui fait couler le sang n'y va pas de l'intérieur vers l'extérieur, mais de l'extérieur vers l'intérieur. D'où la peur du Tétrarque qui « reconnut ce qu'il *craignait* d'apercevoir » (les Arabes), qui est *troublé* par l'idée de la profondeur des abîmes qui l'entourent, et qui *pâlit* en entendant la voix du premier ennemi entré dans l'enceinte. Pourtant la position de sa forteresse est excellente, avec « les murailles hautes de cent vingt coudées ». La scène, qui correspond aux quatre premières pages du conte, symbolise la situation générale d'Hérode qui cherche à dominer ses ennemis extérieurs... et intérieurs : Jean est enfermé dans les « profondeurs de la terre », et les « villes maudites » de Sodome et Gomorrhe (villes des amours interdites, rappel de son propre amour incestueux pour Hérodias) se trouvent « ensevelies (...) sous les eaux pesantes ». Hérode se trouve ainsi au point de croisement de deux axes, l'axe horizontal formé par les montagnes, le Jourdain, la mer Morte, Jérusalem, tout le pays enfin avec ses menaces historiques, et l'axe vertical allant des désirs humains les plus profanes jusqu'à la voix sacrée qui s'élève. Ce passage montre l'Homme pris dans l'engrenage de l'Histoire, du Destin (ou du Divin) et du Désir, représentés dans les images contradictoires de la nature, et ressentant un accablement face à ce qui symbolise la fin de son pouvoir :

> Tous ces monts autour de lui, comme des étages de grands flots pétrifiés, les gouffres noirs sur le flanc des falaises, l'immensité du ciel bleu, l'éclat violent du jour, la profondeur des abîmes le troublaient — et une désolation l'envahissait au spectacle du désert, qui figure, dans le bouleversement de ses terrains, des amphithéâtres et des palais abattus (226/112).

« Un cœur simple » ou les désaccords de la modernité

Un passé tourmenté, un présent calme. Le premier conte commence par une vue d'ensemble, un résumé antéposé. Le « demi-siècle » de servitude de Félicité est présenté, dès le premier verbe au passé simple, comme une période révolue ; les descriptions qui suivent, à l'imparfait, marquent cette période remplie par les activités réglées et répétées de la servante. Ainsi se déroule devant nous le film d'une vie monotone réglée dès la mort de M. Aubain, et l'installation de sa femme dans une maison aussitôt remplie de choses venant du passé. On découvre alors une structure temporelle qui se répète dans toute l'histoire de la vie de Félicité : en amont, des événements importants et une mort laissant au présent des vestiges d'un passé clos, en aval un temps calme et inchangeable, où les saisons n'influent pas sur le personnage (« En toute saison elle portait... ») qui, devenu « automatique », « ne marqua plus aucun âge ».

Dès le départ, le passé se devine *dans* le présent, un passé auquel tout renvoie, depuis les couchettes de deux enfants qui ne sont plus là (partis? morts?) jusqu'à un « tas pyramidal de boîtes et de cartons » désignant un passé plus ancien, mais accumulé dans la maison devenue monument funéraire ou musée. A l'aide de ces souvenirs, on peut retrouver le passé : le cabinet d'études évoque la présence et l'activité du père, son portrait le montre dans sa jeunesse « dorée » après le 9 thermidor, les noms des enfants nous ramènent au roman de Bernardin de Saint-Pierre (1788), la cheminée « de style Louis XV » et les gravures d'Audran à la période classiciste, celle-ci reprenant, dans ses modèles, une période encore plus lointaine; enfin la pendule, représentant un temple de Vesta, gardienne classique du foyer, souligne l'importance pour la famille de ce « temps meilleur », ce « luxe évanoui ».

Dans cet ensemble, qui n'échappe pas aux signes de la destruction, Félicité s'ingénie à faire durer les choses, comme *dure* le pain dont elle se nourrit. Déambulant dans le présent perpétuel de son existence banale, elle s'adonne tout entière à la répétition, même dans ses gestes religieux. Le christianisme (« messe », « rosaire ») fait partie de son présent, tout en enrichissant celui-ci de l'idée d'un ailleurs, d'une transcendance, d'une autre vie.

Y aura-t-il donc finalement une ouverture pour cette existence emmurée dans la maison de Mme Aubain ?

Nous verrons que la tripartition de ce petit premier chapitre, placé avant l'histoire proprement dite, prêtera sa structure à cette histoire, avec 1 / ses morts et son passé perdu, 2 / son présent où les souvenirs s'accumulent, et 3 / sa sortie « mystique » vers les « cieux ».

Le temps de Félicité. Pendant un certain temps, il est question d'une « histoire » — le manuscrit le dit, et le texte définitif a retenu l'expression « histoire d'amour » (159/45) qui recouvre l'épisode « Théodore », mais semble aussi pouvoir s'étendre à l'affection de Félicité pour d'autres personnages. Tout a commencé à la mort de son père — comme tout a changé pour Mme Aubain à la mort du père de Paul et de Virginie —, jetant la mère sinon dans la même pauvreté que la servante, du moins dans la gêne.

Enfance, jeunesse... Félicité a dix-huit ans lorsqu'elle rencontre Théodore, au moment des grandes conscriptions, 1809, puisque peu de temps après elle entre au service de Mme Aubain qui vient de perdre son mari au début de cette même année. Paul a sept ans, il va donc entrer au collège vers 1812, quand Virginie, alors âgée de sept ans, va au catéchisme. Le chapitre III embrasse les dix-huit - vingt ans jusqu'en 1830-1832 (révolution de Juillet (179/65), Polonais réfugiés en France, choléra, nouveaux préfets (180-181/66-67)). Le chapitre IV nous mène de 1830-1832 aux derniers jours de Félicité, quelques années après la mort de Mme Aubain survenue en 1853, soit vers 1870 selon certains manuscrits, soit vers 1860 s'il faut tenir compte des « cinq ans » notés dans un autre manuscrit (cf. encore cette autre note : « Alors commença une série d'années pareilles platem[en]t tristes »).

Les chapitres I et V forment les deux ailes du texte, l'un couvrant cinquante ans de vie, l'autre un seul moment, celui de la mort. II et III (trois et vingt ans) sont riches en événements, c'est l'époque où vivent encore Victor et Virginie, alors que le reste du temps est défini par « des années (...) toutes pareilles » (179/65). On voit ainsi confirmée l'hypothèse selon laquelle l'essentiel (cf. « luxe évanoui ») forme un bloc à part (pour Félicité aussi) délimité par la mort des deux enfants (174/61, 177/63). Il faut noter également que le premier « malheur », après le bonheur de Félicité avec les enfants (161/47), est annoncé exactement au milieu du texte (174 en bas/61 en haut).

Avant cette coupure, les souvenirs sont encore vivants : on peut aller voir les Liébard, « au service de la famille depuis plusieurs générations », et dont la ferme a « un caractère d'ancienneté » (165/51) ; Félicité retrouve une de ses sœurs (167/53). Sa vie est sur le point de s'épanouir, momentanément, dans l'amour de la jeune femme pour son amant, puis dans l'amour maternel ressenti pour les enfants : elle aide la mère de Virginie (169/55), et elle ressent un « orgueil maternel » au bras de Victor (171/57). Plus tard, son existence se rétrécit en même temps que ses idées (184/70), et les souvenirs de sa vie s'accumulent dans sa chambre (186/72), surtout avec l'installation du perroquet empaillé, forme vide, momie dans la pyramide, rappel de « jours disparus » (186/73). C'est que tout, jusqu'aux gravures dont on voit encore la marque sur le mur (188/74), laisse des traces et s'inscrit dans l'existence monotone de Félicité (« Bien des années se passèrent » (189/75)). C'est de cette durée inutile qu'elle est libérée par l'image du Saint-Esprit, signe d'une autre dimension temporelle, mais aussi d'une dimension spatiale nouvelle.

L'espace de Félicité. Au centre de l'espace, cette maison qui accueille la jeune fille abandonnée, point d'arrivée où l'on peut loger (161/47), et, à la fin, point de départ tombant en ruine (189/75). Au chapitre II, l'existence heureuse avec les enfants se déroule entièrement dans l'horizontalité qui se reflétera stylistiquement dans la linéarité d'une syntaxe sans coupures (cf. Johansen, 1967). Rien ne vient rompre ce déroulement de l'enfance et de la jeunesse, à l'exception des souvenirs de l'épisode « Théodore » (« En voilà une, Mme Lehoussais, qui au lieu de prendre un jeune homme... » (165/51)) qui, justement, avait provoqué certains incidents inquiétants (« il la renversa brutalement » (159/45), « Elle se jeta par terre (...) appela le Bon Dieu » (160/47)). Par ailleurs, Félicité s'en va tranquillement par les routes, envoûtée par l'amour (160/46), suivant les sentiers, se reposant dans les prés, se promenant sur la plage en regardant le retour des barques glissant « dans le clapotement des vagues » (167/53). Même le taureau furieux, qui aurait pu la jeter par terre, est dompté (164/50). Le monde entier se présente agréablement sous forme d'une géographie en estampes, plate et inoffensive malgré ses images redoutables, et n'engageant aucun des personnages dans les dangers réels du monde... Tout cela changera après le départ de Paul (fin du chap. II) et la révélation d'un autre monde, dans l'église de Pont-l'Evêque (début du chap. III).

Le chapitre III n'est pas seulement le chapitre le plus long, mais aussi le plus important, puisqu'il embrasse l'amour de Félicité pour les enfants, la mort de Victor, puis celle de Virginie, et la chute dans le « pareil » et la répétition, jusqu'à l'arrivée de Loulou. L'espace familier de Félicité, cette horizontalité heureuse, éclate, et dans la brisure se révèle une nouvelle verticalité réservée, comme dans l'image finale du texte, à l'imaginaire chrétien : « le Saint-Esprit *dominant* la Vierge » ; celle-ci est montrée « *à genoux* devant l'Enfant Jésus » ; saint Michel *terrasse* le dragon ; Félicité voit « la *tour* de Babel » et des « idoles *renversées* » (168/54). Un rapport fructueux s'établit entre le haut et le bas, les « choses familières » de sa vie se trouvent « sanctifiées » par le passage de Jésus-Christ sur la terre, agneaux et Agneau se correspondent, colombes et Saint-Esprit entretiennent des rapports privilégiés, dans la mesure où l'oiseau s'élève dans les airs et établit la jonction avec le céleste : le Paraclet est pour Félicité à la fois terrestre (« feu » et « lumière qui voltige la nuit aux bords des marécages ») et aérien (« souffle » et « haleine qui pousse les nuées ») (168-169/55).

La brisure de l'horizontalité n'est pas sans conséquences pour les voyages qui ne sont plus des excursions paisibles, mais fatales. La géographie en estampes se réalise pour Victor que Félicité s'imagine « mangé par les sauvages », comme un « souvenir » de la géographie (173/59). La brisure touche même à la fonction du temps qui n'est plus un temps toujours pareil, mais bousculé et marqué par des dates comme celle du départ de Victor qu'elle n'oubliera jamais (171/57). Le temps se précipite (« la nuit du surlendemain (...) prochainement (...) deux ans » (171/58)) et jette Félicité hors de son univers familier ; elle se voit forcée de quitter Pont-l'Evêque, et de partir elle-même dire adieu à son neveu.

Son sens de la réalité est si perturbé par ce qui lui arrive alors, qu'elle a du mal à se retrouver dans le monde déchaîné du port de Honfleur. Tout lui semble bouleversé (« des chevaux dans le ciel »), les mouvements sont contradictoires (« Un palan qui les enlevait les descendait (...) »), on se heurte contre les choses, on se bouscule, on jure... La scène (172/58) montre l'importance du point de vue de Félicité ; c'est bien elle qui *vit* toute cette confusion. Mais il est vrai aussi qu'elle ne saisit pas le rapport entre la scène et celle où, s'engageant sur la route une seconde fois avec le corps du perroquet, elle est devenue si étrangère à ce qui l'entoure qu'elle n'entend pas la malle-poste qui va la renverser (185/71). L'épisode du port de Honfleur est le premier signe de sa distance par rapport au monde, distance qui ira en se creusant. Dès lors, on mesure l'importance de l'image du calvaire qui fait suite à celle du port : par la verticalité de sa forme, par l'idée de mort et de résurrection qu'il implique, il désigne la transcendance et peut ainsi donner à Félicité, dans sa prière, l'espoir d'un autre monde ; elle peut s'évader un instant d'un monde étranger et menaçant.

Revenue dans l'horizontalité, il faudra que Félicité en constate elle-même les brisures et les dangers. Brisure : absence de Victor parti sur un paquebot, « tache noire » sur la mer (172/58), à l'instar du « point noir » de La Havane sur la carte géographique (174/60). Danger : l'eau qui tombe par les trous de l'écluse — si c'est « sans discontinuer » c'est parce que le temps est devenu implacable — est comme un « torrent » (172/58) ; dans son imagination, c'est l'eau qui tuera Victor (« elle le voyait (...) sous une nappe d'écume » (173/59)), et après l'annonce de sa mort elle croit voir, dans l'eau de la Toucques, « comme des chevelures de cadavres » (175/61). Les cheveux symbolisant par métonymie le cadavre reviendront à l'occasion de la mort de Virginie (177/64).

Le rapport entre horizontalité et verticalité se répète dans le cas de Virginie, tout en accentuant le mouvement vers le ciel, la jeune fille étant par son nom plus près du ciel que le neveu de Félicité, attaché à la mer. On trouve dans la scène montrant Virginie sur son lit de mort un croisement de l'horizontalité (« Virginie étalée sur le dos » (177/63)) et de la verticalité (« une croix noire s'inclinant vers elle »), rencontre du terrestre et du céleste, et, avec la croix, l'appel à la résurrection qui s'exprime plus loin dans les baisers de Félicité. Félicité s'étant déjà une fois identifiée à Virginie (169/56), cette scène souligne la valeur symbolique des deux dimensions pour le personnage principal.

Or, c'est dans cette scène que le narrateur voit une manifestation de la modernité, puisqu'il nous rappelle que « pour de pareilles âmes le surnaturel est tout simple » (177/63), autrement dit : pour les cœurs simples le surnaturel est tout naturel. La foi religieuse se trouve reléguée par la modernité positiviste dans le cœur des simples, dernier sanctuaire d'une foi vivante. Logiquement, dirigée par son propre cœur, Félicité devra finir par se séparer de cette terre réservée à des gens comme M. Bourais, âme basse et calculatrice, qui se moque de sa naïveté (174/60). Mais l'ironie du commentaire que nous venons de citer frappe la modernité positiviste elle-même qui, finalement, n'a pas déraciné la religiosité.

C'est bien autour de Virginie, âme sœur de Félicité, que se cristallise la nouvelle vision du monde de celle-ci, symbolisée par exemple par la dalle funéraire — horizontale — de la tombe, et la petite colonne de marbre rose — verticale — qui s'élève sur le dessus (178/65). Les deux vierges répondent, à l'unisson, au nom de *Virginie,* la jeune fille qui entre au couvent des Ursulines (selon la légende bien connue, sainte Ursule conduisait les onze mille vierges qui furent tuées par les Barbares), et Félicité qui pensera plus tard à entrer aux « demoiselles de la Vierge ». En plus, c'est provoquée par la mort de Virginie que l'existence de Félicité se transforme en existence-souvenir, transformation exprimée dans son appel à Mme Aubain : « Il fallait se conserver pour son fils — et pour l'autre —, en souvenir "d'elle" » (178/64), « allusion au cimetière » où repose le corps comme reposeront plus tard, dans la chambre de Félicité, les objets de Virginie. Les débris de l'espace de Félicité seront préservés soigneusement, selon l'idée d'une pyramide élevée au-dessus des morts. Il y a un rapport très étroit entre Félicité soignant les malades et les mourants, les cholériques, le père Colmiche dévoré par un cancer (180-81/66-67), et la façon dont elle garde jusqu'au chapeau de Virginie « mangé de vermine » (180/66) : c'est le rapport entre la décomposition de la chair et la disparition du corps, *des* corps. La vie s'en va, la réalité vivante se dissout, laissant des souvenirs, jouets et vêtements, symboles de la vie, formes métonymiques de l'existence, dans une survie qui, de son côté, est la métaphore de l'*autre* vie. L'espace réservé par Félicité à ces souvenirs est bien un espace sacré, une « chapelle » (186/72) ; elle fait dire une messe pour le repos de l'âme de Colmiche, et dans les années « toutes pareilles » qui s'écoulent, les grandes fêtes sont les seuls épisodes mémorables (179/65). Son espace s'enrichit véritablement par une seconde dimension, par une dimension sacrée.

Parallèlement, les images de l'horizontalité deviennent les images du malheur de la servante. Au cours de son voyage dangereux à Honfleur, Félicité est renversée sur la route par le coup de fouet du conducteur de la malle-poste (185/71). Et c'est devant un horizon fermé par la mer et la nuit que ses malheurs remontent « comme les flots d'une marée », horizontalement, mais avec la nécessité d'un ordre universel inexorable.

L'imaginaire de Félicité. Aucun lecteur lisant le premier chapitre d'*Un cœur simple* ne se doute de ce qui va arriver à cette servante occupée exclusivement des choses concrètes et évoluant dans le champ clos de Pont-l'Evêque. Cette introduction qui se réfère principalement aux années « toutes pareilles » depuis la mort de Virginie jusqu'à celle de Mme Aubain ne mentionne que par des termes ordinaires le sentiment religieux de Félicité qui forme pourtant une part importante de son imaginaire. En revanche, elle évoque déjà le phénomène des souvenirs qui en constituera une autre part. Considérons ces deux aspects de son imaginaire.

Félicité reçoit toute son éducation par étapes. Si elle a bien appris ce que c'est que la procréation, ce n'est pas par expérience sexuelle, mais parce que « les animaux l'avaient instruite » (160/46). Devant la géographie en estampes, c'est Paul, l'élève de Bourais, qui lui fournit les explications nécessaires (162/49). Dans l'église, n'ayant reçu aucune « éducation religieuse » (169/55), elle se contente de regarder et d'écouter, pendant que Virginie va au catéchisme. De ces trois aspects de l'existence d'un être humain, le corps, la pensée, l'imagination, elle ne retient que la dernière, étant exclue des rapports sexuels et n'étant capable d'aucune abstraction. Elle fait preuve de ses dons pour l'imagination, quand elle essaie de lire la géographie comme une représentation par images : « elle le pria de lui montrer la maison où demeurait Victor » (174/60)). C'est exactement sa façon de comprendre la religion : « Elle croyait voir le paradis », etc. (168/54). Reste donc la religion. Sur ce point, l'attitude de Flaubert ne fait pas de doute :

> Je n'aime point les philosophes qui n'ont vu là que jonglerie et sottise. J'y découvre, moi, nécessité et instinct ; aussi je respecte le nègre baisant son fétiche autant que le catholique aux pieds du Sacré-Cœur (lettre du 30 mars 1857).

Au départ, l'imaginaire religieux de Félicité n'est pas en désaccord avec son propre monde concret. Dans ses manuscrits, Flaubert avait noté que « le symbole fut p[ou]r elle toute la réalité et le ciel ne se distinguait point de la terre ». D'où le premier rapprochement de l'histoire sainte et de son propre monde — quitte à se rapprocher elle-même, à la fin, du céleste.

Pour Mme Aubain, les choses se présentent différemment, d'une manière plus conformiste, plus bourgeoise : elle envoie sa fille dans une institution religieuse pour en faire « une personne accomplie » (170/56) ; elle peut se révolter contre Dieu (178/64), et elle ne veut pas que Félicité entre aux « demoiselles de la Vierge » (187/73).

Pour la servante, l'image de Jésus-Christ est dictée par la tradition — le Fils de Dieu solidaire de l'Homme (168/54) —, et l'œuvre accomplie par lui sur la terre est un peu la sienne aussi, ce que confirment quelques détails de la vie de la femme, née elle aussi « au milieu des pauvres », donnant à manger aux soldats comme Jésus aux foules, et soignant les malades (180/66). Bien plus, si « Après Pâques, elle cracha du sang » (189/75), c'est comme si la Passion (168/54) se répétait avec elle. Avec la Vierge Marie aussi, l'identification est nette : comme elle, Félicité adore les enfants, et comme on l'a déjà vu, elle s'identifie à Virginie dont le nom évoque la mère du Christ. Le comble de cette imitation de la Mère et du Fils se retrouve dans la présence de Félicité au pied du calvaire (172/58) comme celle d'une des saintes au pied de la Croix. Quant au Saint-Esprit, il est conçu d'une façon panthéiste (cf. les images de la nature (168-169/55), et cette précision dans les manuscrits : « développement panthéiste du St Esprit »). Sa représentation sur l'image d'Epinal achetée par Félicité est plus vivante et plus intelligible à cause du voisinage du perroquet empaillé (187/73). Cette image est suspendue au mur à la place du portrait du comte d'Artois — détail ironique ! — comme si le religieux évinçait l'historique.

D'un côté, l'imaginaire religieux de Félicité va ainsi la détourner du monde rationnel ; de l'autre, pourtant, ce monde la retient encore, inévitablement. Mais la distance entre l'imaginaire et le concret se creuse au fur et à mesure que les personnages meurent et que le monde et les idées de Félicité se rétrécissent. On voit donc Loulou comme fils et amoureux, d'un côté, et, de l'autre, le mariage de Paul et plus tard sa visite en tant qu'héritier. Félicité, elle, évolue incontournablement vers un monde imaginaire qui l'éloigne de la carrière de Paul et du triste sort de M. Bourais ; c'est d'ailleurs pourquoi sa religiosité va influer sur le monde de ses souvenirs.

Félicité garde religieusement les souvenirs de Virginie, et aussi d'autres bribes de la vie d'autrefois, dans la « chapelle » de sa chambre contenant à la fois des « objets religieux » et des « choses hétéroclites » (186/72), nouveau mausolée où les « bonnes Vierges » côtoient les cahiers d'écriture des enfants, où la boîte donnée par Victor rejoint les bottines de Virginie sur la commode « couverte d'un drap comme un autel ». Un musée imaginaire, une mise en abyme de sa vie (Penzkofer), où elle adore Virginie dans la statue de la Vierge, élève comme une offrande à Dieu les souvenirs de sa propre existence et les souvenirs de celle de sa maîtresse, tout un monde enfin offert à l'éternité. Elle recueille tout dans sa mémoire, et expose ce tout dans une nouvelle construction, une nouvelle donne de la vie. Après cela, elle peut elle-même quitter cette vie, portée par le perroquet spiritualisé et statufié à la fois, une belle œuvre d'artisan, « splendide ! droit sur une branche d'arbre qui se vissait dans un socle d'acajou, (...) et mordant une noix (...) dorée » *(ibid.)*.

N'oublions pas, pour finir, que le perroquet c'est aussi elle-même, ayant appris les mots qui reflètent les trois étapes de sa vie, amour, servitude, religion : « Charmant garçon ! Serviteur, Monsieur ! Je vous salue, Marie ! » (181-82/68). Tout se résume ainsi vers la fin, comme tout se confirme pour elle dans sa réplique, lorsqu'elle apprend qu'elle doit mourir d'une pneumonie : « Ah ! comme Madame » (189/75). On pourrait ajouter : comme Virginie également. L'imaginaire finit par constituer la seule réalité de Félicité. Un monde d' « ombres » l'enferme (190/76) avant la vision finale qui l'enlève définitivement hors du concret, de la modernité active, besogneuse, banale. Jetons un regard sur cette modernité avant d'aborder les voies symboliques dans l'histoire de Félicité.

Adieu à l'univers de Pont-l'Evêque. « Ses yeux s'affaiblissaient. Les persiennes n'ouvraient plus », lit-on (189/75) au chapitre IV. Peu à peu, Félicité a perdu le contact avec les êtres vivants ; seul demeure le perroquet :

> Le petit cercle de ses idées se rétrécit encore, et le carillon des cloches, le mugissement des bœufs n'existaient plus. Tous les êtres fonctionnaient avec le silence des fantômes. Un seul bruit arrivait maintenant à ses oreilles, la voix du perroquet (184/70).

On peut remonter avec elle cette pente générale (O'Connor), depuis la dernière personne qui la soigne, « la mère Simon, ruinée dans l'épicerie », jusqu'à « cette masse de monde sautant à la fois » à l'assemblée de Colleville (159/45). Plus ses sens diminuent, plus ses souvenirs sont nombreux. Son univers, plus large au temps de la jeunesse, est avant tout une société, telle que le premier chapitre l'avait présentée, avec des fermes et des maisons, des fermiers et des bourgeois plus riches qu'eux, avec un curé, un notaire, un brocanteur, un garçon boucher Fabu, un docteur Poupart, un apothicaire, un sous-préfet... C'est une société qui nourrit des rapports avec le monde, l'Angleterre (171/57) et des pays plus exotiques (174/60) ; elle a ses moyens de transport comme la malle-poste et les bateaux. Une société étrangement *pleine,* où Caen et Paris se devinent à l'horizon ; une société étonnamment masculine, si l'on considère le fait que les trois personnages les plus importants dans le conte sont trois femmes, qui au milieu d'une société active, entreprenante (Bourais, Victor, le sous-préfet) sombrent dans l'inaction (Mme Aubain), la docilité (Virginie ; cf. « L'enfant n'objecta rien » (170/56)), et la solitude (Félicité).

Sur ce fond d'activité sociale se profile le dépérissement de Félicité et de son entourage immédiat. La maison d'abord habitable, réparée par la suite (179/65), tombant en ruine à la fin, acquiert la valeur d'un symbole du monde plein au départ, du monde où on se voit, où on se rend visite (163/49, 165/51), où on reçoit les gens (161/47, 162/48, 179/65), mais qui finissent par ne plus venir *(ibid.)*. Le perroquet, défini par le donateur lui-même comme un « souvenir », vient tout remplacer. Or, chose remarquable, au dernier chapitre, tout ce monde vivant, enfants, chantres, pompiers, suisse, bedeau, instituteur, fabriciens, postillons et clergé, défile devant le regard intérieur de Félicité enfermée dans sa solitude. Tout un monde bariolé, se démenant, faisant de la musique, rassemblé dans une seule activité commune — à laquelle ne peut plus prendre part la mourante. C'est la vie passant en revue devant elle.

C'est ainsi que Flaubert a donné à l'itinéraire social de Félicité un mouvement circulaire, sublimant en même temps son point de départ. De la solitude initiale à l'intégration parfaite (la vie heureuse avec les enfants, chap. II) ; puis, à travers une lente désagrégation de ses rapports sociaux, vers une nouvelle solitude ; enfin, dépassement ultime au stade de la mort où, intérieurement, elle rejoint, seule, un autre monde. Elle traverse la modernité, comme l'a traversée peut-être l'auteur, avec une expérience sociale somme toute considérable, si l'on tient compte des multiples aspects sociaux représentés dans le texte, et elle en sort par l'autel, le reposoir, convention pure pour les « paroissiennes » (189/75), nouvelle et seule réalité vivante pour Félicité.

Voies symboliques dans « Un cœur simple ». Sous le poids de ses malheurs, Félicité retrouve un jour au fond de ses souvenirs « la misère de son enfance » (185/71), avant sa vie de servante, à l'époque où elle était seule. A la fin de sa vie, lorsqu'elle n'a plus rien à perdre, elle reviendra à ce point de départ, bouclant la boucle d'une existence démantelée. Est-elle consciente de ce qui constitue cette vie? Etant un être pour qui les choses arrivent (la pauvreté, l'abandon, la mort des enfants), elle déchiffre mal la différence entre son amour pour les enfants et sa religiosité — elle confond tout et crée cet ensemble imaginaire que nous avons vu, où elle cherche une voie à travers des symboles qui se renvoient les uns aux autres. Qu'est-ce qu'elle enregistre elle-même, que voit-elle clairement? Par exemple, Félicité peut être réellement heureuse, et ressentir son bonheur : « Cependant *elle se trouvait heureuse.* La douceur du milieu avait fondu sa tristesse » (161/47) ; et ailleurs : « Félicité (...) entra dans la chambre, *toute joyeuse.* Elle avait trouvé une sœur » (167/53), cependant que le monde autour d'elle ne lui promet rien de bon. Mais il faut considérer aussi les éléments du récit qui s'agglutinent au personnage de Félicité sans qu'elle s'en aperçoive, et qui déteignent sur notre interprétation de sa longue vie.

D'abord, pour nous en tenir à ce qu'elle enregistre clairement (il y a focalisation interne), on peut mettre l'une à côté de l'autre deux descriptions différentes illustrant une transformation dans sa personne et présupposant le passage d'une série de symboles à une autre. A l'assemblée de Colleville, la servante est « étourdie, stupéfaite par le tapage des ménétriers, les lumières dans les arbres, la bigarrure des costumes, les dentelles, les croix d'or, cette masse de monde sautant à la fois » (159/45). Fête profane, foire humaine, vie des corps teintée de sexualité. Dans les dernières pages du conte, les mêmes éléments réapparaissent, mais épurés, « sanctifiés » (cf. 168/55). Dans la procession de la Fête-Dieu s'élèvent les tons d'une musique sacrale, les lumières proviennent des bijoux sur l'autel ou du « grand soleil d'or » porté par le prêtre ; la bigarrure se retrouve dans les « couleurs éclatantes » des différents objets qui encombrent le reposoir (cf. l'autel dans la chambre de Félicité (186/72)), et les dentelles de la première scène resurgissent dans le falbala en point d'Angleterre, les « dentelles » du reposoir ; aux croix d'or profanes correspond la croix portée par le bedeau ; enfin, le « monde sautant » est devenu le « flot de monde » de la procession. Alors que les danseurs tournaient en rond, sans autre but que les corps, les participants de la procession « s'avançaient » vers l'autel, leur but étant un but spirituel, tout comme Félicité « avança les narines » pour humer la vapeur d'encens qui montait vers elle. Une transformation importante s'est opérée entre ces deux scènes, symboles l'une du corps, l'autre de l'esprit ; Félicité n'a pas même besoin d'être physiquement présente à la procession pour la voir, « elle la voyait, comme si elle l'eût suivie ». La répétition et la transformation des images selon la scène décrite impliquent toute une voie symbolisant la courbe d'une vie et dont on peut analyser et rapprocher les uns des autres tous les composants.

En effet, il s'agit, reliant le début du second chapitre à la fin du conte, de tout un fonctionnement symbolique intérieur du texte qui échappe, bien sûr, au personnage principal. Nous avons déjà relevé l'équivalence du symbole de la chevelure à l'occasion de la mort de Victor et à la mort de Virginie, et la correspondance des deux images antinomiques que sont le « grand chariot de foin qui avançait lentement », lorsqu'elle rencontre Théodore la deuxième fois (159/46), et la « malle-poste au grand galop [qui] se précipitait comme une trompe » (185/71) sur la route de Honfleur où elle se rend avec le corps de son second « amoureux » (184/70), Loulou. Mais il faut retenir encore d'autres éléments du chapitre II revenant dans V : « La douceur du milieu » (161/47) se retrouve dans la chambre de Félicité (suivant l'absorption du passé dont nous avons parlé), où la mère Simon s'endort « doucement » ; l'été passé à Trouville devant la mer « brillante de soleil » et dans la chaleur écrasante (166-167/52-53) réapparaît au dernier chapitre où « le soleil [fait] reluire la rivière » et chauffe les ardoises. Tout jusqu'au taureau revient en sourdine dans le dernier passage du conte, où « le battement des pas » de la procession « faisait le bruit d'un troupeau sur du gazon ».

D'autres détails que ceux déjà cités viennent confirmer l'effet de sublimation recherché pour la fin du texte. Le « silence » de l'été qui s'épand sur Trouville (167/53) revient dans le « silence » qui se fait lorsque le prêtre s'approche du reposoir ; à Trouville encore, on n'entend que les marteaux des calfats *(ibid.)*, qui correspondent aux mouvements du cœur de Félicité ; à Trouville, « une brise lourde apportait la senteur du goudron », dans la chambre de Félicité « une vapeur d'azur monta ». C'est bien évidemment l'ensemble de tous ces rapports qui trace la voie symbolique d'une situation à l'autre. Le passage final déteint sur le chapitre II et contribue à la sublimation de la représentation de Virginie, car c'était pour elle qu'on séjournait à Trouville. Suivre intérieurement la procession, c'est encore se rappeler le temps du premier reposoir que Félicité faisait... avec Virginie. On peut donc conclure, en ce qui concerne les rapports entre les chapitres II et V, que le dernier est déjà inscrit dans le premier, et que le simple bonheur symbolique de la fin équivaut à une sublimation du bonheur vécu avec l'enfant, en en faisant un souvenir, à l'instar de tant d'autres éléments du conte.

Quant aux chapitres III et IV, ils sont consacrés à la mort des autres et à la religiosité de Félicité, commençant par la « génuflexion » dans l'église et se terminant par l'image de la vieille servante « agenouillée » devant le perroquet (189/75). Une focalisation interne très marquée par le regard de Félicité nous permet de suivre celle-ci dans ce qu'elle enregistre de son itinéraire, depuis le moment où elle promène ses yeux autour d'elle dans l'église jusqu'au moment où elle ne voit plus rien (« aveugle à présent », 190/76). Dans l'église, son imagination est mobilisée dès l'instant où elle regarde les images saintes, et puis une seconde fois (« avec l'imagination que donnent les vraies tendresses ») lorsqu'elle se penche pour *voir* Virginie et s'identifier à elle (169/56). Si tant est que, en imagination, « elle était elle-même cette enfant [et que] son cœur lui battait dans la poitrine », on peut dire que Virginie meurt une seconde fois dans les dernières lignes du texte (« Les mouvements du cœur se ralentirent »). Quoi qu'il en soit, les voies de ce regard sont les voies de l'imagination, intériorisant Virginie. Un exemple : lorsque Virginie est partie pour le couvent, Félicité entre dans sa chambre et *regarde* les murailles, s'imaginant les cheveux, les bottines et le coucher de la petite fille (170/56-57).

Après la mort de Virginie, les deux femmes se retrouvent dans la chambre de l'enfant, dans une situation qui établit un lien encore plus étroit entre « la *douceur* » du milieu du chapitre II et celle du chapitre V : « L'air était chaud et bleu. Un merle gazouillait, tout semblait vivre dans une *douceur* profonde » (180/66). Mais qu'est-ce qui vit ? N'est-ce pas Virginie ? Par le contact des *regards* — « Leurs yeux se fixèrent l'une sur l'autre » — une même étreinte égalise aussi Virginie et sa mère qui inspire désormais à Félicité « une vénération religieuse ». Elle transfère son amour pour la fille sur la mère, ce qui explique que, lorsque celle-ci meurt, la servante la pleure « comme on ne pleure pas les maîtres » (188/74) : en la mère elle pleure Virginie. Le même phénomène de deux figures réunies en une seule se retrouve à l'occasion de l'enterrement de Virginie, où Félicité s'imagine enterrer aussi Victor (178/64) (cf. « Un lien de son cœur les unissait, et leurs destinées devaient être la même » (174/60)). L'une symbolise l'autre, comme la mère remplace la fille. Félicité, sans égards pour elle-même, laisse se dérouler sa destinée à elle à travers celle des autres, et en absorbe la vie.

Un dernier exemple nous est fourni par le passage où Félicité observe que le Saint-Esprit a quelque chose du perroquet (187/73). Rapport métonymique explicite (« quelque chose de ») qui mobilise une dernière fois son imagination entraînée à faire glisser les images les unes sur les autres jusqu'à se couvrir presque (« du même coup d'œil, elle les voyait ensemble » *(ibid.)*). Le regard toujours fixé sur l'image d'Epinal, elle commence à prier, se détournant de plus en plus de la réalité qui, on l'a vu, se détourne en même temps d'elle. C'est le regard qui, finalement, transforme le perroquet en fantasme, lorsque les yeux de Félicité rencontrent un « grand rayon lumineux » qui rejaillit, par un effet du soleil de l'*œil* du perroquet et la met en « extase » (189/75) (anticipation de l' « expansion » (O'Connor) dans les dernières lignes du texte). Comme une formidable négation de la raison du monde, la « sensualité mystique » (192/78) de Félicité ne lui fait voir que des identités et des analogies, toutes absorbées dans le perroquet. Ainsi, elle peut tout quitter, emportant tout avec le perroquet qui évoque l'Amérique et Victor (cf. Zielonka), lequel est honoré à la mort de Virginie, dont Félicité garde les souvenirs ; un long cheminement trouve sa fin — et son résumé radicalement transformé comparé à celui du chapitre I — dans son dernier amour.

« Mirage illusoire » (Blüher), bien sûr. Mais s'il est illusoire, il révèle aussi un sens profond. En effet, il faut s'arrêter à la distance, au désaccord quasiment insurmontable, dans ce conte, entre la vie concrète représentée, le rationalisme simple de nombre des personnages, et l'illusion fantastique — et religieuse ! — dont Félicité est la victime. Donc, aux désaccords d'une modernité. La foi religieuse qui porte Félicité au Ciel est extraordinaire, mais représente peut-être, pour Flaubert, la seule religiosité possible dans cette époque moderne. Félicité symbolise une forme de spiritualité, celle des mystiques pour lesquels Flaubert avait le plus grand respect :

> On s'étonne des mystiques, mais le secret est là. Leur amour, à la manière des torrents, n'avait qu'un seul lit, étroit, profond, en pente et c'est pour cela qu'il emportait tout (lettre à Louise Colet, 21-22 août 1853).

« Saint Julien » ou les voies du salut

Une légende, un ordre général. En choisissant d'écrire une légende, Flaubert s'impose délibérément des contraintes. Il doit réécrire l'histoire d'une vie humaine, et dans cette vie marquer la présence déterminante de Dieu et rendre vraisemblable la soumission inconditionnelle à cet ordre divin, et le sacrifice de soi. La référence à Dieu, au pouvoir qu'il exerce dans son choix du héros qui doit devenir un saint, implique aussi certaines contraintes textuelles. Il faut que l'histoire soit hautement significative, en ce sens qu'elle doit démontrer la présence permanente de Dieu, et faire en sorte que tous ses éléments, en principe, collaborent à cette fin.

Flaubert dispose d'un schéma puisé dans les sources qu'il a consultées, un schéma qu'il doit élaborer comme d'autres l'ont fait avant lui, sans le trahir. Une idée fondamentale demeure dans ce schéma, qui a traversé les siècles, d'où la référence à peine voilée au vitrail de la cathédrale de Rouen à la fin du texte. L'écrivain dispose également d'une structure du récit comportant, selon Langlois, la prophétie du cerf, le mariage de Julien, le meurtre des parents par Julien, sa pénitence, son travail de passeur, l'arrivée de Jésus-Christ et la mort du pénitent. Pour le reste, libre à Flaubert de modifier la structure et d'inventer des détails, à condition que ceux-ci ne contredisent pas le destin de Julien.

Les premières pages de *Saint Julien* reproduisent ces deux aspects, l'aspect humain et l'aspect divin, qui sont ceux de la vie de Julien comme de n'importe quel saint, mais qui figurent ici dans une union si difficile qu'elle s'avérera, par la suite, problématique. Deux aspects — et deux champs sémantiques, qui vont constituer chacun les moments et les épisodes de l'histoire du personnage principal.

« On vivait en *paix* depuis si longtemps que la herse ne s'abaissait plus », une paix fondée à la fois sur l'ordre humain et l'ordre divin, un ordre humain christianisé, dans lequel le seigneur rend la justice et donne des conseils aux habitants d'un pays prospère (cf. les « blés qui verdoyaient »); mais une paix soigneusement gardée par le château dont les murs entourent la cour avec ses pavés « nets comme le dallage d'une *église* ». Les « idolâtres » sont tenus à distance et les infidèles, des Amalécites jusqu'aux Normands, sont depuis longtemps vaincus. Cependant, on verra qu'ils sauront menacer cette paix chrétienne. En attendant, seule inquiète la présence simultanée du basilic (symbole de la rage et de l'Antéchrist) et de l'héliotrope (symbole de l'inspiration divine — par saint Jean-Baptiste !). Certains animaux sont mieux intégrés à l'ensemble du château : les dragons des gouttières, les chiens, les chevaux, les hirondelles. Nous remarquons enfin, pour ce qui est de l'union du séculier et du religieux, que la chapelle du seigneur est « comme l'oratoire d'un *roi* », et que c'est « à force de prier *Dieu* » qu'il vient un fils à la châtelaine, son épouse.

Julien naît donc selon la volonté de Dieu, et cette volonté préside à son destin. Au début du chapitre II (205/91), c'est « grâce à la faveur divine » qu'il échappe chaque fois à ses ennemis. De même, pendant la deuxième chasse, « un pouvoir supérieur détruisait sa force » (212/98), de sorte qu'il n'arrive plus à tuer les animaux; ensuite, après l'assassinat de ses parents, il constate que sa femme « avait obéi à la volonté de Dieu, en occasionnant son crime » (215/101), et lui-même ne se révolte pas « contre Dieu qui lui avait infligé cette action » (217/103); enfin, il n'hésite guère à aller chercher l'étrange voyageur, « comprenant qu'il s'agissait (...) d'un ordre auquel il ne fallait pas désobéir » (220/106).

Le tableau sommaire de la page suivante montre les images des deux premières pages réapparaissant tout au long du texte — comme si la vie de Julien était déterminée par ce début.

Il ressort également de ce schéma que le paradigme (cf. Sherzer) du religieux et du séculier (château/église, rage/inspiration divine, guerre/paix), paradigme établi dans les deux premières pages avant l'action proprement dite, se réalise dans une ou plusieurs antithèses, et que l'union tentée par les parents de Julien est vite rompue. L'aspect séculier qui comporte la guerre, la violence et la rage (côté « père »), prend le dessus dans I, *b,* laissant derrière lui l'aspect religieux personnifié dans le moine qui essaie de faire revenir Julien. On comprend aussi que Julien relance, dans II, les guerres que son père avait menées contre les païens. En revanche, s'il n'y a pas beaucoup de rapports entre I et II, d'un côté, et III de l'autre, c'est précisément parce que Julien, dans ce dernier chapitre, choisit sa propre voie, qui n'est plus simplement celle de sa mère pieuse et contemplative. Remarquons encore que II, *a* reprend les éléments « guerre » et « Sarrasins » de I, *a,* et II, *b* la chasse de I, *b.* Dans III, les images connues sont remplacées par leurs contraires : Julien n'est plus un guerrier parmi d'autres, mais un mendiant solitaire, il n'habite plus le château, mais une

I, a	*I, b*	*II*	*III*
Château		Palais (207/93)	Cahute (218/104) (toute la nature)
Fleurs		Fleurs	
Base des murs... qui dévalaient abruptement...	Rocher pareil à un long mur s'abaissait, en surplombant un précipice (201/87)		
Dallage... église chapelle... sang tachait la dalle (197/83)	Ciel... rouge... nappe de sang (203/89)	Des gouttes... sur le plancher (215/101)	Sang dans les nuages (103)
Basilic (193/79)... malice (198/84)		Il étouffait de rage (212/98)... colère démesurée (214/100)	
Paix		Plus la guerre (207/94)	
Sacs d'argent		Corbeilles... beaucoup d'argent (207/93)	
Bêtes fauves	Chevreuils... daims (202/88)	(Animaux) (212/98-99)	
Armes	Bien équipé, etc. (200 s./86 s.)	Epée (205/91) (cf. 204/90) poignard (214/100)	
Toutes les nations		France... Abyssinie... (206/92)	
Roi		Le dauphin de France et le roi d'Angleterre (206/92)	

(I, *b* = deuxième partie (la chasse) de chapitre I. On peut, de même, diviser II en II, *a* (au palais) et II, *b* (deuxième chasse), et III en III, *a* (errances, la cahute) et III, *b* (Jésus-Christ).

pauvre cahute. De cette façon, le texte atteste une forte cohérence ; dès le début, toutes les images anticipent sur l'itinéraire de Julien, pris entre la guerre et la paix, sa propre violence et la douceur de son épouse (207/93).

Considérons maintenant la marche du pécheur vers la sainteté, marche provoquée par la mauvaise union et la paix précaire. En effet, dès la naissance de Julien il existe un désaccord entre les parents : le père fait la fête, alors que la mère se tient tranquillement dans son lit. Les deux prophéties accusent la même différence. « Songe ou réalité », le problème posé par le fantastique ne préoccupe pas la mère qui prend le message de l'hermite au sérieux, d'autant plus volontiers qu'elle a entendu ce qu'elle voulait entendre. La sainteté promise est le contraire de ce qu'entend le père de la bouche du mendiant (assez riche, cependant, « avec des anneaux d'argent aux deux bras », pour se présenter au très riche seigneur). Désireux de voir son fils couvert de gloire, lui aussi entend ce qu'il veut entendre — et le « sang » ne peut pas faire peur à ce vieux guerrier. Voilà donc « deux désirs parentaux contradictoires » (Felman) qui, s'ils se réalisent, risquent de diviser la vie du fils.

Dans un premier temps, celui-ci tend du côté du père. C'est lui qui enseigne la chasse à son fils et le fait monter à cheval de sorte qu'il finit par tout savoir sur les « destriers »... qui sont des chevaux de guerre. Le fait que ce soit pendant la messe que Julien conçoive de la haine contre la souris montre que Flaubert perçoit le personnage comme un homme qui, bien que « marqué de Dieu » et ressemblant « à un petit Jésus » (196/82), deviendra violent et sera bientôt tenté par le Diable (204/90, cf. la « tentation » de la deuxième chasse (209/95)). N'est-il pas aux antipodes de saint Hubert qui voyait une croix entre les andouillers du grand cerf, là où Julien plante une flèche ? Et n'engage-t-il pas la volonté humaine contre la volonté divine en tuant les animaux dont les yeux ressemblent à des étoiles (212/98), comme ceux du lépreux — de Jésus-Christ — qui prennent « une clarté d'étoiles » (221/107) ?

D'image en image, Julien se heurte tout au long de son histoire à la présence de Dieu et du Christ. Infidèle lui-même dans I, il est poussé à combattre les infidèles dans II ; assassin dans II, il se fait pénitent dans III. Comme saint Christophe, il est tenté par le Diable avant de se faire passeur. Finalement, il tourne le dos à la duplicité innée de l'être humain, à la fois plein de haine et faisant l'aumône (Julien était lui-même, dans son enfance, pieux et violent (197/83)), attentif au « bourdon des cathédrales », mais dansant, buvant et manifestant un « air bestial » dans le dernier chapitre (216/102). La *vita* nous présente donc un homme qui se libère des entraves trop humaines de l'existence.

L'histoire trop humaine de Julien. Cette histoire, on peut l'approfondir encore dans ses aspects humains. La foi de la mère et l'Eglise qu'elle incarne semblent, au premier abord, être le contraire même de la vie corporelle, sanguinaire qui est celle du père et qui sera pour une large part aussi celle de Julien. Mais le côté spirituel et religieux et le côté guerrier sont à ce point mélangés que le choix de Julien ne sera pas un choix entre son père et sa mère, mais plutôt un choix entre eux et lui. L'alliance de l'Eglise et de la guerre peut se résumer dans la formule suivante : *On fait couler le sang lorsqu'on lutte pour le christianisme,* ou encore : *les actions humaines nous entraînent vers le sang et la mort.* Dans Julien lui-même se mêlent la cruauté et la fidélité :

> Julien accourut à son aide [de l'empereur d'Occitanie], détruisit l'armée des infidèles, assiégea la ville, tua le calife, coupa sa tête, et la jeta comme une boule par-dessus les remparts. Puis il tira l'Empereur de sa prison, et le fit remonter sur son trône, en présence de toute sa cour (206/92).

Si le pouvoir séculier se fonde ici sur la fidélité chrétienne, la guerre est légitime, puisque c'est une guerre chrétienne. C'est pourquoi le père de Julien a des ressemblances avec sa femme : lui écoute les histoires des pèlerins après avoir combattu les infidèles ; elle garde dans sa chambre un os de martyr dans « un cadre d'escarboucles », symbole du sang de Jésus-Christ. Pour les deux, le malheur des chrétiens leur est une chose toujours présente.

Elle le sera également pour Julien qui reçoit en héritage de son père l'épée sarrasine, comme s'il importait de reprendre la lutte, et en héritage de sa mère la volonté de protéger « les gens d'Eglise, les orphelins, les veuves et principalement les vieillards » (205/91), comme s'il importait de se mettre sur la défensive. Ces deux héritages partagent la vie de Julien jusqu'au chapitre III, où il semble laisser définitivement son passé derrière lui. Pourtant, il est toujours hanté par le souvenir de l'assassinat qu'il a commis : « Le vent apportait à son oreille comme des râles d'agonie (...). Le soleil, tous les soirs, étalait du sang dans les nuages » (216/103). Comment pourra-t-il jamais se défaire de ses fantasmes, de cet être humain qui est lui et qui le poursuit avec une ténacité si cruelle ? Voici comment se déroule l'histoire de ses cruautés — jusqu'au salut imprévu de la fin.

La première chasse est une première réalisation de soi, tentation et œuvre du Diable, où le destin de Julien commence avec les animaux (« (...) bêtes farouches. Il devint comme elles » (200/86)), sous un ciel « presque noir », sans les étoiles, signes du Christ. Julien chasse d'abord normalement, dans le temps (« Bientôt... », « Trois heures après... », « Redescendu... » (201/87)). Il continue son chemin malgré l'épisode des deux boucs, prémonition de l'assassinat des parents : le mur et le précipice rappellent le château, et Julien tombe « les deux bras écartés » *(ibid.)* comme après le meurtre lorsqu'il restera « à plat ventre (...) les bras en croix » (215/101). La scène suivante, celle des cerfs, est un fantasme, un rêve se jouant au-delà d'un « arc de triomphe » par où passe le chasseur-conquérant, « dans un pays quelconque (...) un temps indéterminé » (202/88, cf. « Un spectacle extraordinaire », *ibid.*). L'épisode des trois cerfs relève du pur fantastique, et amène la malédiction du ciel (« une cloche au loin », « Maudit... »). Le cerf, qui va à l'attaque comme un guerrier, est « monstrueux de taille » et porte une barbe, comme le père assassiné (de « taille haute » et barbu (210/96)). La biche, qui regarde le *ciel* (203/89), est blonde comme la mère de Julien (« très blanche » (194/80), « bandeaux fins pareils à des plaques de neige » (210/96)). Songe ou réalité? Peu importe, puisque Julien prend ce qu'il a vu comme un avertissement concernant son être propre, c'est-à-dire comme une tentation humaine qu'il exprime par ces mots : « Si je le voulais, pourtant? » (204/90).

Récapitulons la suite des événements dans les trois chapitres :

Père : guerre sainte	Château	Chasse	Prophétie	Fuite
Julien : guerre sainte	Palais	Chasse	Meurtre	Fuite
Julien : pénitence	Cahute	÷	÷	Ascension

Le schéma montre que c'est seulement au dernier chapitre que Julien trouve la voie du ciel. Au deuxième chapitre, il se rapproche dangereusement des Sarrasins : non seulement il se sert de leur épée, mais encore, au prix d'un meurtre des plus cruels, il tue l'oncle musulman de sa future épouse pour habiter avec elle dans un palais mauresque. Son mariage est loin d'être une réintégration réelle dans la Famille et ne constitue pas une analogie avec celui de ses parents, excepté que quelqu'un l'invite de nouveau à aller à la chasse! Pourtant,

Julien se montre assez réticent à ce sujet, et l'on peut dire que non seulement il ne veut pas chasser, c'est-à-dire s'aventurer à l'extérieur (domaine du sang, de la rage et de la violence), mais encore qu'il ne veut même pas en parler, laissant ainsi planer un doute sur sa nouvelle situation. Il n'a pas encore surmonté la contradiction initiale de sa vie, ou s'il l'a fait, c'est en dissimulant cet aspect de lui-même. Il a beau repousser la tentation, « ses chasses d'autrefois » reviennent en rêve — et ces rêves sont dangereux et diaboliques, comme nous l'avons vu lors de la première chasse. En effet, il se voit maintenant, sacrilège suprême, comme « notre père Adam » au Paradis, mais tuant les animaux. L'image de la caverne surgissant dans un autre rêve confirme qu'il est encore loin de son ascension « vers les espaces bleus » (221/108).

Au cours de la deuxième chasse, Julien s'enfonce toujours plus dans « l'obscurité » (211/97), qui est aussi celle de son propre être, et tout autour de lui devient symbole de sa condition trop humaine. Le paysage prend l'aspect d'un royaume de mort, royaume silencieux, avec un « vent chaud », et des « feuilles mortes » (c'est la couleur de la biche, cf. 203/89), avant de se transformer en un cimetière où l'on trébuche « sur des ossements de morts ». Les animaux qui ne peuvent plus mourir sont des fantômes d'animaux déjà tués ; mais Julien, renégat pour la seconde fois, traîne ses pas loin de la lumière divine, et résiste encore à cette épreuve, n'ayant même pas « la force de crier grâce » (213/99), cette force qui présuppose l'abnégation de soi.

Considérée de cette façon, la légende de saint Julien est l'histoire d'une âme qui se perd dans ses fantasmes de violence et de mort, mais qui se trouve aussi de plus en plus impuissante devant la volonté implacable de Dieu qui le pousse à tuer, maintenant, en réalité.

Julien et le salut imprévu. Mais voici que, dans le troisième chapitre, s'établissent de nouveaux rapports textuels, à cause de la reprise de quelques images essentielles, dotées cette fois d'une nouvelle fonction.

Mendiant comme ses parents, Julien emprunte leur identité de pauvres, sans les richesses et le pouvoir social dont ils étaient investis dans le premier chapitre. Cette identification n'est pas la seule, car, en fait, Julien devra revivre toute son histoire telle qu'il la raconte lui-même à qui veut l'écouter : les « râles d'agonie » et les gouttes de sang (216/103), les « signes de croix » que font les autres devant lui (216/102), la montée du pénitent jusqu'à la chapelle (217/103, cf. celle de son père (194/80)), les scènes de famille, où l'aïeul tient sur son genou le petit enfant, et la confrontation avec l'image même de son père qui se reflète dans la fontaine où lui-même pense se noyer. Effectivement, il porte « le poids de son souvenir » (217/103), et il essaie de remonter, à l'aide de ce souvenir, à sa jeunesse (218/105). Nous avons constaté le même phénomène à la fin d'*Un cœur simple* : Félicité aveugle tâche de revoir tout son passé ; Julien, lui, ferme les yeux pour se le rappeler.

La toute dernière étape de Julien, qui structuralement (= III, *b*) occupe la même place que les deux chasses, n'est pas sans rappeler certains éléments de sa *vita,* en jetant une lumière crue sur son destin. C'est ainsi que la voix du Christ, sonnant comme une cloche d'église, renvoie à la cloche qui tintait lors de la malédiction du cerf : c'était donc Jésus qui parlait à travers l'animal. Les yeux du Sauveur, « plus rouges que des charbons », nous rappellent celui du père mort (215/101), ceux du grand cerf (203/89) et ceux du mendiant-prophète (195/81). Toujours donc, la présence du Christ, dont l'attitude est majestueuse comme le visage des parents morts (214/100). Julien s'aventure sur le fleuve entre « les ténèbres » et subit maintenant une dernière épreuve dramatique après la promenade sur l'eau, « claire comme le ciel », avec son épouse, simple situation de *suspense* (208/94). L'étreinte du Christ répète la scène dans l'église après le meurtre (215/101) et l'attitude de Julien tombant sur le cadavre du bouc (201/87). Remontant plus loin encore, Julien l'hermite rappelle celui qui s'était montré à sa mère. Finalement, il se retrouve « nu comme au jour de sa naissance » (221/107). Il a maintenant revu toute sa vie : l'enterrement des parents — leur assassinat — la tentation diabolique — la malédiction — le grand cerf — la grande chasse — le mendiant-prophète — l'hermite — la chapelle — les scènes de famille — sa naissance. Retrouvant sa « crèche » auprès de son propre « sépulcre », Julien, selon la volonté de Dieu, a dépassé les conflits de son existence, ce qui constitue la « grâce » même.

La culture du conteur. On peut proposer ici une interprétation conforme à la vision chrétienne du monde propre au Moyen Age ; une conception dualiste qui distingue entre corps et esprit (cf. Bancroft), vie ici-bas ou vie séculière avec les tentations et les peines qu'elle entraîne, et ascension vers l'au-delà, salut imploré dans tous les *Libera me* des chants grégoriens. Or, le sacré vient à Julien comme par miracle ; c'est d'une manière totalement imprévue, comme une révélation, que les yeux du Sauveur « *tout à coup* prirent une clarté d'étoiles ». A l'instar des épisodes fantastiques, le point de vue est ici plutôt celui du personnage (cf. Pilkington), de sorte que Flaubert nous fait adopter, nous ses lecteurs, la perspective même du Moyen Age, où le merveilleux avait sa place. Le contraste est frappant entre le début de *La Légende,* où le point de vue est vague et non déterminé (c'est celui du conteur), et cette fin, où il devient celui de Julien ; à l'aide de la focalisation interne, Flaubert réussit à raconter comme un épisode vécu par Julien seul la fin et l'ascension au Ciel (cf. Blüher). De la sorte, nous aboutissons à une conclusion qui ressemble à celle d'*Un cœur simple*; dans les deux cas, les âmes s'élèvent vers le ciel dans une vision mystique. Une différence notable existe pourtant. En effet, dans *Saint Julien,* la fin jette sa lumière sur tout ce qui précède, faisant du récit entier une démonstration de la volonté de Dieu. Dès lors, l'histoire de Julien apparaît comme entièrement déphasée par rapport au XIXe siècle rationaliste, et beaucoup plus en accord avec l'ordre sacré recherché par les hommes du Moyen Age. Si le salut est imprévu pour celui qui l'obtient, il appartient bien à cet ordre général que Flaubert a sans doute désiré évoquer dans sa légende, alors que Félicité, comme nous l'avons vu, devient un être à part, en porte à faux avec son siècle, à cause même du sacré dont la fonction dans *Un cœur simple* n'est pas de confirmer un ordre général, mais de sublimer un individu.

Julien ayant accompli son destin par une ultime obéissance (220/106), tout s'illumine, car s'il y a ordre et ordre, commandement et ordre général du monde, ils se recouvrent dans les dernières pages du texte. C'est l'intervention directe du Christ qui assure la véritable union de l'ordre humain et de l'ordre divin. A cette intervention correspond le choix ultime de Julien. Depuis son retour de la première chasse, Julien a lutté contre la malédiction et pour l'ordre chrétien du monde; il a combattu ceux qui n'acceptaient pas cet ordre, il a défendu les délaissés et il a voulu remédier aux injustices; mais le sacrifice suprême, décisif, il ne l'a fait qu'en se faisant passeur, en renonçant à l'amour, à la richesse, au pouvoir. Enfin, il a risqué sa propre vie dans la tempête. Perdu par l'union précaire de la paix et de la guerre, de la piété et de la violence, perdu par l'amour et la haine qu'il porte en lui, il a emprunté au début la voie de son père, puis celle de sa mère, avant de trouver sa propre voie dans celle de saint Christophe, c'est-à-dire dans l'abnégation de soi.

On voit combien la légende, interprétée de cette façon, est pénétrée d'une problématique toute chrétienne, et cela d'une façon plus profonde et rigoureuse que dans *Un cœur simple.* Aussi le conteur, puisque conteur il y a, est-il sans arrière-pensées, lorsqu'il parle de « Notre Seigneur Jésus » (221/108), de « la faveur divine » (205/91), ou encore de « notre père Adam » (208/94). Sa culture est chrétienne comme sa foi. Son imaginaire est bâti sur des références plus ou moins explicites à l'imaginaire du Moyen Age, comme lorsqu'il avertit son auditoire, à propos des exploits de Julien, que « C'est lui, et pas un autre, qui assomma la guivre de Milan et le dragon d'Oberbirbach » (206/92).

D'ailleurs, bien des messages chrétiens et de nombreuses références aux Evangiles colorent le texte, comme par exemple la richesse (du père) à laquelle Julien renonce, de façon absolue, dans les dernières pages (« Il ne demandait rien pour sa peine » (218/104)), ou encore le coq qui chante à son retour de la deuxième chasse, où, tel saint Pierre, il a renié le Christ (et le christianisme, cf. « Tu ne tueras pas »). De plus, Julien ne passe-t-il pas, lors de ses premières chasses (200/86), devant un gibet, allusion à Judas allant se pendre après avoir dénoncé le Sauveur ? Les saints — nous avons déjà noté les références implicites à saint Hubert et à saint Christophe — et les figures du Nouveau Testament deviennent ainsi présents pour l'auditoire de *Saint Julien.* Le conteur a su créer une ambiance propre à l'esprit de la Bible et de la légende.

L'horizon du conte, quant à lui, est dessiné, d'abord, par le pays de la famille de Julien, vraisemblablement une région de France, alors que le palais mauresque nous transporte sur la côte méditerranéenne (le Languedoc actuel). La connotation « Sud » se manifeste dans la description du palais de Julien, « de marbre blanc », avec des « incrustations des murailles », des « colonnettes » et des « coupoles » (207/93). Ces détails vaguement orientaux (étudiés par P.-M. de Biasi, 1981), élargissent l'horizon du conte, où nous voyons passer devant le château du père de Julien un marchand « accoutré à l'orientale » (196/82), et venir s'installer devant l'âtre des pèlerins visiteurs de la crèche et du sépulcre (197/83). Les Amalécites combattus par le père — après l'avoir été par Saül dans l'Ancien Testament ! — sont plutôt légendaires, comme le sont aussi les Garamantes battus par les Romains, en Afrique du Nord (194/80). Mais le nom de ces peuples aident à édifier un décor mi-historique, mi-fabuleux comme il convient à un auditoire de légendes. Les exploits de Julien apportent encore des informations sur ce qu'un écrivain du XIXe siècle pouvait concevoir comme horizon d'attente chez un auditoire du Moyen Age ; depuis le dauphin de France jusqu'aux Anthropophages (206/92), Flaubert a quasiment vidé le dictionnaire de toutes les possibilités, allant d'un extrême à l'autre (Scandinaves, Nègres, Indiens... ; régions torrides, puis glaciales...) pour être complet (Raitt, 1991), épuisant toutes les possibilités, et les présentant avec une simultanéité (Johansen, 1968) qui n'est pas sans surprendre, mais qui appartient au légendaire. Dans l'ensemble, l'espace fictif est défini par un même cercle de références : Moyen Age chrétien, biblique, légendaire, oriental. Selon cette considération aussi, la légende se referme sur elle-même, comme elle le fait par sa structure symbolique particulière.

Au niveau intertextuel, Flaubert, outre la comparaison avec Félicité dont nous venons de parler, fait une allusion — clin d'œil au lecteur lisant deux fois les *Trois contes* — à *Hérodias,* autre cadre biblique et oriental. En effet, il suffit de comparer la femme de Julien, dont la chevelure s'accroche « aux pierreries de sa robe entr'ouverte » (207/93), avec la description d'Hérodias, dont les cheveux noirs s'enfoncent « dans l'intervalle de ses deux seins » (226/113), pour saisir la tentation physique exercée sur Flaubert par une certaine image de la femme. Seules ces quelques lignes sur les cheveux d'une femme révèlent ce qui pourrait être l'imaginaire flaubertien. Du coup se pose la question des deux dernières lignes : post-scriptum de Gustave Flaubert, ou dernier commentaire du conteur ?

L'épreuve du vitrail. Sans doute, le conteur est en droit de dire « mon », donc « je », mais un narrateur à la première personne normalement fait partie du narré, et il n'y a guère trace d'un tel narrateur-témoin dans *Saint Julien.* Il ne fait que rapporter une « histoire ». D'où la possibilité de mettre la phrase sur le compte de l'auteur, ou de dire (avec S. Felman) que la phrase « désigne le narrateur dans le rôle même d'auteur ». Flaubert lui-même va dans ce sens dans une lettre à son éditeur précédemment citée, expliquant son désir de mettre après le texte une planche coloriée représentant le vitrail de Rouen : « En comparant l'image au texte on (le lecteur) se serait dit : "Je n'y comprends rien. Comment a-t-il tiré ceci de cela ?" »... le « il » désignant bien entendu l'auteur. Considérons donc les dernières lignes comme un post-scriptum de Gustave Flaubert. Le récit devient, par là même, ce qui s'appelle une transcription. L'originalité, l'idée, est ailleurs, elle n'appartient pas à Flaubert.

Mais seulement une transcription. Il reste un décalage entre le vitrail et la réécriture, décalage comblé par le travail de l'auteur, par ses inventions ou ses modifications par rapport à la source. L'auteur dit simplement : « Voilà ce que j'ai pu faire, en m'inspirant d'un vitrail, *d'une chose vue.* » L'information est importante, puisqu'elle fait des images peintes du vitrail une source d'inspiration. Bien évidemment, Flaubert n'est pas sans savoir que la représentation par images dans la cathédrale renvoie, à son tour, à un ou plusicurs textes ou à une tradition orale ; mais c'est le vitrail qui l'illumine, lui, non comme « illustration » accompagnant un texte, mais comme « document » (on se rappelle cette précision dans la lettre à son éditeur), seule trace concrète de ce qui est précisément une légende et qui ne correspond pas forcément à quelque chose de vrai.

En plus, le vitrail est un document artistique, et s'il illustre quelque chose, ce serait d'autres systèmes d'expression dont il constitue, de son côté, une transposition. Nous nous trouvons devant un jeu de miroirs, où le *Saint Julien* de Flaubert reflète les peintures d'un artiste peintre qui reflètent une histoire racontée ou écrite, interprétant, de son côté, l'histoire légendaire des saints et des martyrs de toute la tradition biblique et chrétienne. Le « je » qui s'exprime dans les dernières lignes est plutôt un « je-artiste » qu'un « je-Flaubert », et nous nous situons, avec lui, à un niveau très haut d'abstraction artistique. De là, l'élaboration soignée du texte, le symbolisme interne que nous avons analysé ci-dessus, le réseau de rapports, de références et d'allusions qui fait du texte un système fermé. De là aussi, le mouvement de Julien à partir de l'animalité vers le dénuement, l'absence des choses et des richesses convoitées par tous les êtres humains, aboutissant à la spiritualité, qui est le domaine de l'art. Ce mouvement peut être considéré comme une mise en abyme de l'effort artistique de Flaubert lui-même.

On trouve une autre mise en abyme dans le fait que le vitrail de Rouen, qui a inspiré et éclairé le texte de Flaubert, est pour ainsi dire représenté dans une scène importante de la légende. Lorsque la femme de Julien couche dans son lit les parents de Julien, elle ferme la croisée, car

« le jour allait paraître et derrière le vitrail, les petits oiseaux commençaient à chanter » (210/96-97). On entend quelque chose, mais on ne voit rien encore. Dans la scène du meurtre, Julien, lui non plus, ne *voit* rien, il est obligé de sentir et de palper dans « le lit perdu dans les ténèbres, au fond de la chambre »; les « vitraux garnis de plomb » contribuent à cet effet d'obscurité en « obscurcissa[nt] la pâleur de l'aube » (213/100). Après le meurtre des parents, le « reflet écarlate du vitrail alors frappé par le soleil éclairait ces taches rouges, et en jetait de plus nombreuses dans tout l'appartement » (214/100-101). C'est le vitrail qui éclaire Julien sur son crime, dévoile la vérité, comme le vitrail de la cathédrale avait inspiré et éclairé Flaubert par ses couleurs.

Ainsi, le texte passe bien l'épreuve du vitrail, en nous disant comment l'auteur a « tiré ceci de cela » : par une illumination. En plus, l'échafaudage sectionné du récit répond en principe à la construction nécessairement sectionnée du vitrail (cf. Bart et Cook, 1977). La légende rapportée par Flaubert est le conte d'un vitrail ou un vitrail raconté, un art de l'art.

« Hérodias » ou le creux de l'Histoire

Une tragédie du désordre. L'action tragique d'*Hérodias* se déroule sur vingt-quatre heures très exactement, d'un lever du soleil à un autre. Elle nous mène loin de l'horizon d'*Un cœur simple* et de la mer de Félicité et de Victor, jusqu'aux pays des origines de la civilisation occidentale, à « l'orient de la mer Morte ». Dans la citadelle de Machærous, qui forme l'unité de lieu de la tragédie, nous assistons à un moment crucial de l'Histoire. En trois chapitres, trois actes (l'un se passe le matin, le second à midi, le troisième la nuit suivante), dans une ambiance encore tout empreinte des clameurs et des prophéties de l'Ancien Testament, nous assistons au commencement d'une histoire encore inconnue et dont le récit dévoile à peine les secrets. Flaubert transpose, tout en le développant considérablement, un épisode des Evangilcs (Matthieu, XIV, 1-12, Marc, VI, 14-29) ; il lui confère une vaste perspective historique et une importante profondeur psychologique, tout cela — à l'opposé, encore, d'*Un cœur simple* — d'une complexité surprenante, où l'action, loin d'être une, se double de plusieurs plans et de plusieurs intrigues.

La structure du conte est donc rien moins que simple — et c'est là tout son secret. Des rapports compliqués se nouent entre les personnages comme entre les différentes instances de pouvoir. Un rapport de dépendance règle les relations entre les Romains de Rome (Caligula, Tibère...), leurs délégués en Syrie (Vitellius, son fils Aulus), et le Tétrarque, alors que des rivalités divisent les Juifs de Jérusalem (Sadducéens, Pharisiens), opposés aux Samaritains (Mannaëi) et aux Galiléens ; ces derniers sont les sujets directs d'Hérode, lui-même issu d'une famille iduméenne ennemie de celle d'Hérodias ; les Esséniens, et parmi eux Jean-Baptiste, le fondateur de la nouvelle religion, se trouvent par la nature même des choses un peu en dehors — se tenant éloignés des autres, dans le désert. Tous ces groupes divers forment, tant bien que mal, une structure faite d'alliances et d'oppositions.

Si l'on considère ensuite les religions représentées dans le récit, c'est encore le désordre : le judaïsme de Jérusalem côtoie celui, divergent, des Galiléens, et les convictions des Samaritains ; la religion d'Etat romaine est encore teintée des différents cultes d'Asie Mineure ; le mithraïsme confronte le nouveau christianisme. Quant aux langues, c'est une véritable confusion babylonienne du latin, de l'hébreu, du syriaque... Comme représentants des différentes nations, nous trouvons, pêle-mêle, un Babylonien, des Grecs, des Libanais, des Thraces, un Gaulois, deux Germains, des pâtres de Palmyre, etc. Les projets politiques se croisent et se heurtent : la grande politique de domination des Romains, la politique d'Hérode pleine de tergiversations, les projets dictés par l'ambition personnelle d'Hérodias, les désirs provoqués par le simple goût du pouvoir chez les Sadducéens et les Pharisiens... Dans tous les cas (personnages et familles, groupes de personnages, nations, religions, langues, politiques), l'histoire bascule dans le désordre, presque l'anarchie qui caractérise une période de transition, un creux de l'Histoire.

On retrouve cette même confusion dans les descriptions. Au cours du festin, les mets se succèdent dans une prolifération sans bornes (249/135) ; les villes et pays représentés se dénombrent à l'infini (246/132), comme l'énumération des armes cachées par Hérode dans les souterrains (235-36/122). La même confusion caractérise les paroles, celles de Iaokanann fulminant contre les prêtres, contre le peuple, et contre Hérodias (239-42/125-28), celles des groupes discutant lors du festin (cf. 247-48/133-34), et celles d'Hérodias elle-même (« un torrent d'injures populacières et sanglantes » (254/140)).

Partout, dans des contextes d'ordre différent, ce sont des situations chaotiques, des disputes confuses, des expressions hyperboliques, qui caractérisent un univers en pleine débâcle et sans but commun. Les quatre premières pages du conte, jusqu'à l'arrivée d'Hérodias, résument ce phénomène tout en présentant les éléments essentiels du drame.

Hérode, la crainte et les menaces. La topographie du site de Machærous et la description de la citadelle elle-même présentent un paysage désordonné, une architecture irrégulière. Le paysage est formé de « sables de la grève », de « collines », d'un « désert », de « monts », d'un fleuve, d'un lac (223-24/110). Les différentes figures géométriques, loin de créer un ordre, contribuent à la diversité : une ville c'est une « *barre* noire », la tour Antonia un *« cube »*; le pic de basalte « un *cône* », les maisons se tassent sans ordre apparent derrière le *« cercle »* d'un mur qui *ondule,* se pliant aux « *inégalités* du terrain », le seul chemin est *« en zigzag »,* les murailles ont des « *angles* nombreux », avec des tours *« ça et là ».* Les formes s'appliquent maladroitement au sol et brouillent les lignes horizontales et verticales de la construction du palais (« terrasse », « balustrade », « vélarium »; « portiques », « mâts ») (cf. Johansen, 1968). La montagne elle-même est minée dangereusement de l'intérieur à cause du nombre apparemment illimité de chambres souterraines (« la montagne (...) évidée à l'intérieur telle qu'une ruche d'abeilles » (236/122)).

De ces souterrains s'élève déjà une voix inquiétante qui fait « pâlir » Hérode, pris d' « épouvante » (225/111). Menacé de partout, Antipas ne bouge pas, mais regarde (« ... vint s'y accouder, et regarda », cf. « détourna la vue », « fouilla d'un regard aigu », « aperçut », « spectacle du désert »); c'est encore son attitude à la fin des pages d'introduction (—226/—113), où il reste « les yeux fixes ». La disparité de villes et de formes, de couleurs et de plantations lui donne l'idée qu'il ne pourra plus revenir à Tibérias, et qu'il vivra donc bientôt la fin de son pouvoir. La crainte le saisit devant la menace des Arabes, et il ressent une grande inquiétude en pensant aux Romains et aux Juifs (224/110). Aussi prévoit-il de se défendre, de s'allier à l'un ou à l'autre parti. En fait, les menaces viennent de partout : de l'Ouest (Romains), du Nord (Vitellius), de l'Est (Parthes), du Sud (Arabes), du sol (Iaokanann), du ciel (« Le *soleil* faisait resplendir ses murailles (du temple de Jérusalem) (...). C'était comme une montagne lumineuse, quelque chose de surhumain, écrasant tout (...) » (226/112)). Il est exposé aux dangers militaires, aux menaces politiques, à l'opposition religieuse, pris en même temps entre les « abîmes » des villes damnées qui le troublent, et la « colère immortelle » du Très-Haut qui l'effraie, entre les forces humaines incontrôlables et le pouvoir divin imprévisible. Son moment historique est incertain, flottant comme lui-même.

Hérodias — et « plus de craintes »? Dans la partie médiane de ce premier chapitre (226-30/113-17, « ... soudainement apaisé »), Hérodias contribue au désordre qui se concrétise encore sous forme de conflits différents mais convergents. Son ambition personnelle la pousse vers un but précis, ici et maintenant, à favoriser elle-même et son époux : « Depuis son enfance, elle nourrissait le rêve d'un grand empire » (229/115), cf. « des rois ses aïeux » (229/116), « impératrice » (233/119). A propos de l'emprisonnement de leur délateur Agrippa, elle constate, en se servant d'un titre qui lui est cher : « *César* nous aime » (227/113). C'est également la carte impériale qu'elle joue, lorsqu'elle confie à Hérode la médaille de Tibère (244/130) qui va remplacer le cachet personnel du Tétrarque que celui-ci vient de jeter dans la fosse de Iaokanann. Le pouvoir romain tend à éliminer tous les autres, et ce sera au vu de cette médaille qu'Hérodias fera son entrée dans la salle du festin, où son apparition (251-52/137-38) ira dans le même sens : la mitre assyrienne, signe d'un haut rang, la coiffe, des « monstres pareils à ceux du trésor des Atrides » la flanquent... peut-on prétendre à plus de majesté, ou à plus d'ancienneté?

Personnage venant du passé, mais visant l'avenir, Hérodias se voit gênée dans ses projets par un autre personnage se rattachant lui aussi au passé et annonçant un événement important : Iaokanann, qu'Hérode refuse de tuer, parce qu'il compte l'utiliser contre Jérusalem

(228/114). Dès lors, une nouvelle discorde très violente s'ajoute aux autres, opposant Hérodias à Hérode ; elle atteint son paroxysme avec les paroles furieuses d'Hérodias décrivant sa rencontre avec le prophète :

> flamboyaient... rugissait... levait les bras
> je m'éloignais... m'abritant... glacée
> ces injures qui tombaient comme une pluie d'orage
> Ses discours, criés à des foules... répandus, circulaient
> elle les entendait partout, ils emplissaient l'air (229/115).

La rage l'entraîne à s'expliquer sur ce qui la sépare de son mari, à ajouter aux conflits présents toute l'histoire des rivalités anciennes, et à humilier la famille des Hérodes qui devrait former le nœud d'un nouveau pouvoir en Palestine. Hérodias se réclame de ses ancêtres du côté de sa grand-mère Mariame, épouse d'Hérode le Grand et qui appartenait à la famille des Hasmonés ou Macchabés, ennemis des Hérodes originaires d'Edom (Idumé). Nous remontons donc loin en arrière, et retrouvons, du côté d'Hérode, Juda et Edom, pays d'Esaü, et du côté d'Hérodias, David et Jacob. C'est tout l'Ancien Testament qui se trouve investi dans le conflit des deux époux !

Pour parvenir à ses fins, Hérodias a abandonné son premier mari, elle a dénoncé son frère Agrippa, elle se raille du père d'Hérode, et Salomé n'est qu'un instrument dont elle use pour subjuguer son mari (cf. 230/116). En plus, c'est elle le personnage principal (comme le veut le titre du conte) dans le chapitre II où elle est présente pendant le grand discours de Iaokanann (239/125 : « Hérodias l'entendit... » — 242/128 : « Hérodias disparut »), et dans le chapitre III où son apparition déclenche les derniers événements fatals (251/137 : « Hérodias parut... »).

Iaokanann et le conflit total. Le discours de Iaokanann est double : d'une part il annonce la punition du peuple qui sera écrasé sous le fléau de l'Eternel (239/126), celle d'Hérode à cause de son inceste (le mariage avec sa nièce), et celle d'Hérodias à cause de son adultère (241/127) ; d'autre part il prophétise des temps meilleurs sous le règne du « Fils de David » (240/126). Dans les deux cas, le prophète utilise la langue et les images de l'Ancien Testament : « outres gonflées », « ivrognes d'Ephraïm », « Moab » (c'est-à-dire fils de Loth, nés de l'inceste), « Iézabel », « fille de Babylone » (c'est-à-dire prostituée). Le temps du Messie n'est que vaguement indiqué, alors qu'au chapitre III l'histoire de la fille de Jacob (247/133) et les paroles de ce dernier qui a vu Jésus (248/134 ; il peut le nommer par son nom historique) et qui engage les autres à le suivre (249/135), dressent déjà une image de ce que seront réellement les temps nouveaux. Plus on s'approche de la fin du récit, plus la nouvelle ère annoncée dans le Nouveau Testament prend forme (cf. Robertson, Debray Genette, 1988). La voix de Iaokanann, détail significatif, menace déjà de détruire Machærous — nous rappelant les toutes premières images du conte, celles les montagnes menaçantes :

> La Voix grossissait, se développait roulait avec des déchirements de tonnerre et l'écho dans la montagne la répétant, elle foudroyait Machærous d'éclats multipliés (242/128).

La peur d'Hérode devant les menaces est donc bien fondée et s'exprime dans son mouvement de recul :

> Le Tétrarque se rejeta en arrière — l'existence d'un fils de David l'outrageant comme une menace (240/127).

Dès lors, tous les conflits se précipitent vers le dénouement dans la catastrophe finale. Dans un premier temps, Hérodias met de son côté les Romains qui désirent la mort du prophète après avoir appris que le prophète « ordonne au peuple de refuser l'impôt » (242/128). Les Juifs, eux, craignent de toute façon la nouvelle religion.

Enfin Mannaëi, qui exècre « les Juifs comme tous les Samaritains » (225/112), est mal disposé envers Iaokanann. Voici le schéma de ces oppositions, où Hérode, en défenseur stratégique de Iaokanann, est placé au centre :

Phanuel   Salomé Mannaëi
(Jésus)... Iaokanann><Hérode><Hérodias... Romains
Jacob   Juifs

Il est intéressant de noter, à ce propos, que la solidarité règne dans le groupe Phanuel-Jésus-Jacob, alors que l'inimitié caractérise le groupe Mannaëi-Romains-Juifs. Mannaëi hait les Juifs, et de leur côté les Sadducéens et les Pharisiens se disputent la « sacrificature » (234/120), leurs représentants Jonathas et Eléazar défendant et attaquant à tour de rôle Hérode (242/128) ; les Galiléens, fidèles à Hérode, dénoncent Ponce Pilate, le gouverneur romain (234/121) ; les Juifs s'élèvent contre les idolâtries des Romains (235/121). En plus, Jonathas n'aime pas l'Essénien Phanuel (243/129) ; Vitellius nourrit une « haine profonde » contre Hérode (233/120), et « le caractère des Juifs [lui] sembl[e] hideux » (251/137). C'est le chaos :

> Une douzaine, scribes et valets des prêtres (...) s'élancèrent jusqu'au bas de l'estrade ; et avec des couteaux ils menaçaient Antipas... (250/136).
>
> Les Pharisiens (...) se mirent dans une fureur démoniaque. Ils brisèrent les plats devant eux *(ibid.)*.
>
> L'exaltation du peuple grandit (251/137).

Plus tard, Hérodias va profiter du tumulte qui éclate de nouveau pendant le festin ; elle seule sait profiter de l'atmosphère chaotique qui règne dans la citadelle : « Les panneaux de la tribune d'or se déployèrent (...), Hérodias apparut (...) » *(ibid.)*.

Dans ce contexte, le pouvoir religieux apparaît comme plus fort que le pouvoir séculier. Mais le point le plus important dans toute cette série d'oppositions, c'est que le

Messie, qui n'existe pas encore pour les personnages principaux, et qui en tout cas n'apparaît pas sur la scène du drame, se trouve placé au pôle opposé à celui des Romains (v. le schéma ci-dessus). Tous les personnages intermédiaires pourront être éliminés, en commençant par Iaokanann (et nous connaissons l'exil historique d'Hérode et d'Hérodias, la destruction du temple de Jérusalem, l'exode des Juifs), mais sans qu'on se rende compte qu'une religion nouvelle va naître du même coup :

> A l'instant où se levait le soleil, deux hommes, expédiés autrefois par Iaokanann survinrent avec la réponse si longtemps espérée (256/141-142).
>
> ... réponse confirmant que Jésus est le Messie. Rome et Jésus-Christ sortiront victorieux du conflit. Mais se doute-t-on que les Romains vont s'opposer si longtemps à Jésus-Christ et au christianisme ? Cette opposition serait-elle la parole non dite entre Aulus et la tête, le secret de la longue histoire occidentale qui s'ensuivra ?
>
> (...) Mannaëi, l'ayant remise d'aplomb, la posa devant Aulus, qui en fut réveillé — Par l'ouverture de leur cils, les prunelles mortes et les prunelles éteintes semblaient se dire quelque chose (255/141).

Le chrétien et le Romain engagent ici la lutte déjà cristallisée dans toutes les oppositions du conte, lutte qui continuera à travers l'histoire dans les perpétuels désaccords entre pouvoir séculier et pouvoir religieux.

La surface et la profondeur de l'histoire. Or, n'y a-t-il, dans ce conte manifestement historique, que cette surface de chocs dramatiques entre intérêts politiques et religions ? Les premières pages ont révélé le symbolisme qui réapparaît jusque dans la description de l'effet produit par les paroles de Jean, détruisant presque la montagne de Machærous. La montagne, que cache-t-elle ? On est intrigué par les chevaux, par la beauté artificielle d'Hérodias...

et par celle de Salomé qui s'intègre difficilement dans la structure thématique pouvoir-religion (« Ses lèvres étaient peintes, ses sourcils très noirs... » (253/139)). Pourquoi Salomé est-elle *vue* vers la fin de chaque chapitre (230/116, 244/130, 252-253/138-40) ? Pourquoi Phanuel apparaît-il à la fin de chaque chapitre (231/118, 243/129, 256/141-142) ? (cf. Robertson).

Salomé et Phanuel, personnages secondaires, se placent en recul par rapport aux autres personnages et dépendent d'eux. Ils s'opposent donc également l'un à l'autre. L'apparence sensuelle de Salomé réveille les désirs d'Hérode, l'apparence modeste de Phanuel, qui constitue l'antithèse aux disputes et aux violences du récit, réveille un amour plus humain dans le Tétrarque : « Sa puissance est forte ! » dit-il en parlant du maître de Phanuel, Iaokanann, « Malgré moi, je l'aime » (231/118), de sorte qu'à chaque fin de chapitre nous voyons percer un *autre* Hérode, préoccupé d'autres intérêts que de ceux du pouvoir, un Hérode qui pleure en regardant la tête de Iaokanann, enfin un Hérode qui tremble de désir en admirant Salomé. Deux sentiments contradictoires, aveu d'un déchirement profond chez un homme qui est tantôt séduit par la nouvelle religion, tantôt par la sensualité (« des pleurs coulèrent sur les joues du Tétrarque » (255/141) ; « une voix que des sanglots de volupté entrecoupaient » (253/139)).

Il se trouve que le contraste se répète dans les profondeurs de la citadelle. Les souterrains découverts par Vitellius — venu plus pour contrôler que pour secourir — cachent des armes et des chevaux, plus un prisonnier. Hérode fait tout son possible pour dissimuler les secrets qui, dans les deux cas, mettraient au jour ses craintes et sa faiblesse : « il se rangea le long du mur, qu'il masquait de sa toge » (236/122) ; « Cependant qu'y avait-il là-dessous ? (...) Le Tétrarque n'obéit pas » (238/124). Les chevaux, « de merveilleuses bêtes », font partie de son système de défense.

En réalité, ils symbolisent le même désir de liberté sensuelle et d'évasion que Salomé. Leur crinière est peinte en bleu, le voile de la jeune fille est bleuâtre ; ils sont blancs, la peau de Salomé est blanche ; « souples comme des serpents » (237/123), ils rappellent les mouvements de la danseuse qui « se tordait la taille » (252/138). Dans les deux cas, des formes esthétiquement belles s'agitent devant Hérode, formes qui nourrissent une rêverie cachée sous la surface visible qui finit par prendre le dessus.

L'autre secret dévoilé par Vitellius et qui représente la tentation opposée, c'est Iaokanann. Sous une forme primitive, presque animale (cf. ses « poils de bête » et « son antre » (239/125)), le Précurseur laisse entendre aussi, parmi ses invectives, une voix « harmonieuse » (240/126), opposée au bruit et aux fureurs de la surface.

Voilà les secrets d'Hérode (cf. Neefs, 1982), secrets qui ne vont pas au-delà de sa condition humaine, mais enchaînent le personnage à ses propres désirs et concrétisent un rêve d'évasion hors de la crise, hors du passage douteux de l'ancien au nouveau. Mais il n'y a ni fuite possible, ni transcendance réelle dans *Hérodias.* Dieu est le Très-Haut ou l'Eternel pour les uns, Jésus est le Messie pour les autres ; mais, quant au couple protagoniste d'Hérode et d'Hérodias, l'une s'engage dans l'histoire en quête d'un pouvoir temporel, l'autre s'emmure dans l'univers intérieur de ses propres velléités, se débat dans l'interrègne entre l'ancien et le nouveau, où un ordre cède à un autre.

On a très justement indiqué un phénomène de temps, assez différent du phénomène du temps évoqué dans les deux autres contes. Au début d'*Hérodias,* les deux personnages principaux peuvent encore remonter très loin dans le passé, jusqu'à Sodome et Gomorrhe (226/112), jusqu'à leurs propres ancêtres (v. ci-dessus). Mais dans le dernier chapitre, seul le passé proche (Cléopâtre (246/132)) est mentionné, le reste étant rempli par le présent (« Un certain Jésus... » *(ibid.)*) (cf. Robertson). Le passé est lentement vidé de son sens, et il n'est pas encore possible de parler de l'avenir qui naîtra en Galilée (les brouillons parlent de « la Galilée où il se passait des événements étranges »). La condition humaine, ici, c'est l'histoire sans le divin, l'homme attaché à son destin terrestre et nourrissant pour seuls rêves des fantasmes de volupté, au-delà desquels il ne voit que la mort.

Au début comme à la fin, *Hérodias* raconte la mort. Une mort devenue ridicule, quand Hérodias fait servir aux invités la tête de Iaokanann « sur un plat » (255/141), mais une mort autrement grave pour Hérode, puisqu'elle annonce sa propre défaite. Dans un brouillon, à propos du paysage au début du texte, Flaubert avait écrit « souvenir des villes maudites — c'est comme la région de la mort » ; on peut ajouter que la mer *Morte* apparaît au moment où l'aube « épand (...) une rougeur », rougeur évoquée de nouveau, mais alors ce sera celle du soleil couchant, lorsque Phanuel prévoit « la mort d'un homme considérable », mort qu'Hérode interprète comme étant la sienne (243/129). L'image du soleil poursuit Hérode dans sa chambre (231/117). Enfin, dans le manuscrit de Flaubert, le rapport soleil-tête coupée figure en clair comme pour rappeler à l'écrivain la relation symbolique soleil couchant-MORT / soleil levant-RENOUVEAU, relation qui est le thème dominant du conte d'*Hérodias* :

> Tous trois emportent la tête. Le soleil se lève. (...) elle masque son disque les rayons ont l'air d'en partir.

Thématique et structure d'ensemble

Un système relationnel complexe. Ecrit après *Saint Julien, Un cœur simple* parut pourtant le premier, suivi de la légende et du conte d'*Hérodias.* En gardant cet ordre dans la publication en volume, Flaubert invite le lecteur à remonter trois étapes successives de notre histoire. Les textes se présentent aussi comme un triptyque, un retable en trois tableaux qu'on peut parcourir d'un seul regard, ou par un va-et-vient de l'œil étudier en trois temps, comme trois images de l'Homme devant le Saint-Esprit, Jésus-Christ et le Précurseur, variations d'un même thème : la vie humaine face à l'Eternel.

Or, les récits que nous lisons, pour différentes que soient les structures temporelles et spatiales, se recouvrent aussi comme les couches textuelles d'un palimpseste. Chacune des grandes époques de l'histoire fournit un texte reflétant une vision du monde qui lui est propre, un texte écrit sur les textes précédents, effaçant en partie celui qui le précède, mais conservant aussi certains motifs et respectant certaines situations archétypes. En suivant l'ordre historique inversé adopté par Flaubert, nous allons de l'époque moderne à l'Antiquité, dans une confrontation avec notre propre passé.

Il reste néanmoins important que *Saint Julien* ait été composé le premier : il est susceptible d'avoir influé sur les deux contes qui l'ont suivi dans l'ordre de la composition ; en tout cas, partie médiane dans l'ordre de publication, il contient sous une forme compliquée et parfois contradictoire les thèmes et les motifs qu'on vient de lire dans *Un cœur simple* et qui réapparaissent dans *Hérodias.*

Dans le sens de l'histoire, il n'y a pas de chemin direct d'Hérodias à Félicité, sinon par antithèse : Salomé dansant sur deux pages entières figure comme le pôle opposé de Félicité qu'on ne voit pas danser. L'attitude provocante et l'impudicité du corps chez l'une trouvent leur contraire dans la « modestie » de l'autre (159/45). Une autre voie passe par la modification des motifs : le miracle observé par Jacob (247/133) est un *vrai* miracle qu'il n'était pas possible, à l'époque, de mettre en doute, comme on peut le faire d'événements fantastiques ou surnaturels tels que les prophéties dans *Saint Julien.* Ce dernier texte modifie donc la forme du surnaturel tout en gardant, dans la scène finale, l'exemple d'un véritable miracle. Quant à *Un cœur simple,* il ne contient plus qu'un seul exemple de fantastique : la vision subjective et hallucinée de Félicité, facilement explicable.

Les antithèses et les modifications opposent et enchaînent les trois textes. Dès lors, et comme il serait difficile de prétendre à une « unité » des textes en question (terme proposé par P. Nykrog), il semble raisonnable d'essayer d'y voir un ensemble dont les constituants se complètent dès qu'on cherche « un effet de relations » entre eux (J. Neefs, 1982). Citons à ce propos une remarque de R. Debray Genette, d'une portée importante pour le message profond des *Trois contes* :

> Les deux premières fins sont marquées d'une certaine subjectivité qui laisse de la place à l'interprétation ; la dernière ouvre sur un avenir qui, chronologiquement, renvoie aux deux autres contes, et donc finalement ouvre sur leur incertitude finale. Dix-neuf siècles après, on n'en savait pas plus. Les *Trois contes* : l'avenir d'une illusion ou l'illusion de l'avenir (*Métamorphoses,* p. 142, note).

Les grandes forces régissant le monde. Les origines mythiques, Jacob et Esaü, Sodome et Gomorrhe, font qu'*Hérodias* plonge ses racines dans l'Ancien Testament. Mais le mouvement final du conte pointe vers la Galilée, pays de Jésus, que nous retrouvons avec Julien dans le conte médian traitant de la foi chrétienne. L'annonce d'une religion nouvelle, dans *Hérodias,* est suivie par l'image d'un univers où la foi règne totalement, mais où percent certains doutes, à propos des prophéties, explicables à l'aide de la psychologie. Cependant la fin de Julien n'est pas mise en doute par le conteur de la légende, bien qu'elle ressemble à nos yeux à celle de Félicité. Quoi qu'il en soit, la foi ne survit que sous des formes conventionnelles (c'est machinalement que Félicité se rend à la messe chaque matin), ou encore sous forme de superstition et de fétichisme. Les deux Testaments sont remplacés par le catéchisme, banalisé encore par un cœur simple qui ne conçoit pas le symbolisme de l'Histoire sainte, mais la comprend comme une histoire... réaliste (168/54-55). Pour Félicité, les colombes sont autant de Saints-Esprits réels ; et encore un perroquet serait-il mieux à cette place, puisqu'il sait parler (187/73). Logique, raison, réalisme remplacent le symbolisme inhérent à *Hérodias,* où les colombes tournoient encore au-dessus de la prison de Jean-Baptiste. Nous passons donc d'un monde profondément sacré à un monde désacralisé, d'un univers où Dieu puis Jésus agissent, à un univers où n'importe quel élément naturel peut être le sujet d'une interprétation religieuse subjective.

Ce mouvement, qui modifie de façon significative le thème religieux de départ, est un mouvement de dégradation (cf. Nykrog). Si l'on considère que Iaokanann est « descendu chez les morts annoncer le Christ » (256/142), la fin de *La Légende de saint Julien* affirme la foi chrétienne et la croyance en la résurrection — en dépit de l'incertitude qui règne autour des prophéties. Croyance et doute, résurrection des corps, foi indiscutable, mais aussi incertitude, et c'est cette incertitude qui deviendra ironie dans le cas de Félicité et de ses hallucinations. Le conte médian concentre en lui motifs et thèmes, mais il les complique en même temps, et ce faisant donne lieu à une seconde modification qui nous mène à *Un cœur simple.* Nous ne lisons pas trois histoires de la sainteté, mais l'histoire ironique d'une sainte qui n'en est plus une (même à ses propres yeux), puis l'histoire vraie d'un saint, enfin l'histoire d'un saint qui s'ignore. La sainteté, c'était exclusivement l'affaire du Moyen Age ; on n'en était pas encore là au temps d'Hérode, et nous n'en sommes plus là au temps du rationalisme... et de la superstition.

Deux autres thèmes accompagnent celui de la Religion : l'Histoire et le Pouvoir. Dans *Hérodias,* l'homme est plongé dans une histoire précise et détaillée, sa vie sociale et privée s'y déroule, c'est le principe même de son existence. *Saint Julien* raconte la vie d'un homme dans un cadre historique trop vaste pour être précisé, partant vague et diffus. Enfin, dans *Un cœur simple,* les références à l'histoire n'ont aucune signification pour une vie qui n'est plus qu'une vie privée (au sens balzacien). Dans *Hérodias,* le thème du Pouvoir se trouve représenté dans les motifs de la « colère immortelle » de Dieu exterminant les villes de Sodome et Gomorrhe, c'est donc un pouvoir s'exerçant exclusivement au niveau terrestre, complété et illustré par le temple « écrasant » de Jérusalem, ennemi du pouvoir militaire représenté par Hérode et Vitellius. Ce pouvoir terrestre se prolonge évidemment dans *Saint Julien,* où il est représenté par les guerres, la violence (le calife tué par Julien comme Iaokanann par Hérode) et le château. Mais il est contrecarré par le Ciel et le pouvoir céleste déterminant le destin du héros. Le remplacement du château par une cabane symbolise l'évolution vers cette défaite du pouvoir terrestre qui se verra confirmée dans *Un cœur simple,* où Félicité dans sa chambre sera tout aussi exposée aux intempéries que Julien dans sa cabane. Mais d'un pouvoir quelconque, terrestre ou céleste, il n'y a plus aucune trace.

Dans les trois cas — Religion, Histoire, Pouvoir — tout se complique dans *Saint Julien* (foi-doute, histoire diffuse, deux pouvoirs), alors qu'*Un cœur simple* s'écarte de la légende (superstition, ÷ Histoire, ÷ Pouvoir), tout en s'opposant à *Hérodias* (miracles réels, + Histoire, + un seul pouvoir). La promesse incluse dans ce dernier conte engendre la foi dans *Saint Julien* ; mais douteuse par certains côtés, celle-ci dégénère en caricature dans *Un cœur simple.* Le pouvoir terrestre, réduit dans *Saint Julien,* disparaît dans *Un cœur simple,* tout comme l'Histoire perd de son importance au fur et à mesure que nous progressons dans le temps.

L'homme dans son monde. La mort est au terme de chacun des *Trois contes,* et à chaque occurrence il s'agit d'un événement accentué d'un sens chrétien. Elle est à la fois liée au domaine des forces supraterrestres et à l'infiniment petit de l'existence de l'homme. D'abord sacrifice consenti au nom du Messie (« Pour qu'il grandisse, il faut que je diminue »), donc pour les autres, cette mort devient la promesse du Christ et de la résurrection. Le salut individuel de Julien confirme cette promesse, encore qu'il n'intervienne qu'après un sacrifice de soi et pour soi, donc différent de celui de Jean. Dans le cas de Félicité, la mort n'est plus qu'une réalité physique (cf. la présence de la garde-malade). Après une mort historique, et une mort légendaire, objet de foi, voici une mort physique et un « salut » halluciné. Après l'histoire de Dieu et des hommes, après les légendes chrétiennes, les *Trois contes* terminent leur parcours exemplaire de notre ère dans un siècle positiviste et sans foi.

Parallèlement, dans *Hérodias,* Flaubert présente l'homme dans son destin historique, déterminé par Dieu, dont le pouvoir écrase les villes damnées et menace le pouvoir terrestre d'Hérode. Sur ce point aussi, l'histoire de Julien est ambiguë. Malgré les paroles sacrées des prophéties, Julien s'interroge pourtant s'il veut lui-même la mort de ses parents, et s'efforce de les éviter pour ne pas les tuer. C'est donc l'éternelle question de la liberté de l'homme et de sa volonté qui se pose pour Julien : est-ce lui ou un destin échappant à sa volonté qui décide de sa vie ? Dans *Un cœur simple,* la question semble réglée, dans la mesure où Félicité choisit elle-même sa vie, en acceptant de travailler chez

Mme Aubain, en demandant la permission de voir son neveu, en refusant d'aller voir sa famille après la mort du jeune homme, et en se chargeant enfin du perroquet : les forces déterminantes sont des forces intérieures.

Une crise de la volonté humaine, dit V. Brombert (1966) à propos du conte médian. En fait, une crise dans plusieurs sens du terme, à cause des questions qu'il soulève et de l'équivoque qui y domine parfois. Il en est ainsi du rôle du corps humain dans son monde. L'être humain s'épanouit dans la danse de Salomé, cet être qui éveille le désir et la convoitise des hommes dans la salle du festin. La danse de la fille d'Hérodias, riche de connotations sexuelles, n'a pas de limites, son caractère universel se trouve formulé dans les comparaisons qui l'accompagnent : « comme les prêtresses des Indes, comme les Nubiennes des Cataractes, comme les Bacchantes de Lydie » (253/139). L'universalité de la réaction est évidente, elle aussi, puisque tous s'affolent au spectacle de Salomé, nomades, soldats, publicains, prêtres... et Hérode lui-même. Dans *Hérodias,* le corps occupe une grande place, par la sexualité qu'il implique (cf. les réactions précédentes d'Hérode à l'aspect de la jeune fille (230/116, 244/130)). Mais on ne peut pas négliger son autre aspect, l'animalité (cf. les chevaux ; Iaokanann ressemblant à un lion (229/115) ; Hérodias accusée de luxure bestiale : « Tu hennissais comme une cavale » (241/127)), animalité qui a des affinités thématiques avec l'univers de violence, de disputes, de discordes (cf. 250/136), de tumulte et de vociférations (234-35/121), qui est celui d'*Hérodias.*

La violence continue, comme nous l'avons vu, dans *Saint Julien,* mais parallèlement à l'aspiration spirituelle née de la religion annoncée par Jean. Cela dit, le jeune chasseur est rempli « d'une volupté sauvage et tumultueuse » en étranglant le pigeon (qui est de la famille des colombes !), et il tombe sous le charme de la jeune fille qui sera son épouse (207/93 ; l'aspect attrayant de cette femme est décrit plus longuement dans les brouillons). Mais Julien renonce au corps en le mettant au service du prochain — et voilà que la voie s'ouvre pour Félicité, non violente, asexuée, ayant à peine un corps (« femme en bois », « automatique » (158/45)). N'oublions pas, cependant, que Félicité connaît dans son existence, au départ vécue comme un animal (« Elle (...) buvait à plat ventre l'eau des mares » (159/45)), une période où la sexualité n'est pas absente (« Ils se rencontraient (...). Elle n'était pas innocente (...) » (160/46)), après avoir été la cible de la brutalité (Théodore), de la férocité (le taureau) et de la violence (la malle-poste et le postillon), ultimes manifestations des forces originelles.

Schéma résumant les rapports entre les textes

Un cœur simple	*Saint Julien*	*Hérodias*
Modernité, vie privée et sociale découpée de l'histoire	Moyen Age, vie privée et vie sociale + histoire diffuse	Antiquité, vie dans l'histoire
Décadence de la religion. Catéchisme. Superstition, ÷ surnaturel	Foi chrétienne, Providence. Nouveau Testament. Surnaturel et miracle	Dieu, Prophétie. Ancien Testament. Miracles
÷ Pouvoir	Pouvoir ciel Pouvoir terre	(Pouvoir ciel) + pouvoirs terrestres
Mort (salut imaginaire)	Mort, sacrifice de soi + salut individuel	Mort, sacrifice pour les autres
Non-violence	Violence/non-violence	Violence
÷ Corps, ÷ sexualité	Sexualité/non-sexualité	Sexualité, animalité, vie du corps
Psychologie (forces intérieures)	Providence/liberté (forces extér./intér.)	Destin déterminé (forces extérieures)
Voix humaines	Voix humaines/sacrées	Voix sacrées

Désacralisation et ironie. L'univers de l'homme, aux différents niveaux choisis par Flaubert, se désacralise donc au cours de l'histoire occidentale. Les voix sacrées qui se font entendre dans *Hérodias* et encore dans *Saint Julien,* se taisent dans *Un cœur simple*; inversement, les souvenirs de la vie terrestre prennent plus de poids pour l'homme : un seul souvenir dans l'esprit d'Hérode, souvenir dicté par son désir (« c'était Hérodias, comme autrefois dans sa jeunesse » (252/138, cf. 227/114)); plusieurs dans le cas de Julien (« la cour d'un château (...) lévriers (...) valets (...) vieillard (...) dame » (218/105)); tout le passé dans la mémoire de Félicité (« les jours disparus » (186/73)). Quand le Ciel se vide, quand l'Histoire devient obscure, quand le destin de l'homme coïncide avec sa seule existence, alors son univers s'intériorise dans l'imagination. Mais en même temps, l'être humain s'épanouit d'une manière différente, puisque Félicité reprend une des conquêtes de Julien par rapport à *Hérodias* : son amour d'autrui.

C'est à propos de la désacralisation que l'ironie flaubertienne, dans les *Trois contes,* est la plus claire. A première vue, il s'agit d'une ironie bienveillante et souriante à l'égard de Félicité qui, vis-à-vis des pauvres et des délaissés, et sans le savoir, accomplit un des commandements chrétiens les plus difficiles, l'amour du prochain, tout en s'imaginant secondée par le Saint-Esprit. Flaubert lui-même disait avoir exclu toute ironie de ce texte en insistant sur son aspect « très sérieux et très triste » : « Je veux apitoyer, faire pleurer les âmes sensibles, en étant une moi-même » (lettre du 19 juin 1876). Mais l'ironie, qui éclate dans le décalage entre la situation de Félicité telle qu'elle la vit elle-même et telle qu'elle est sentie par le lecteur (cf. Blüher), vise en premier lieu le fait que l'homme moderne, dans sa foi, ou encore sans la foi, est réduit à ne plus croire en la Providence, totalement absente d'*Un cœur simple,* et qu'il se trouve réduit à prier des fétiches vermoulus. En effet, on ne s'apitoie guère sur ce qui suit la Providence, à savoir le perroquet, dont la fonction n'est déterminée par aucune tradition religieuse, mais par des relations significatives, internes au texte (l'exotisme de l'Amérique, le caractère ailé du Saint-Esprit, l'intellect limité de la servante). L'ironie est plus mordante à l'égard de Bourais, qu'on a comparé à l'Homais de *Madame Bovary,* et qui, en bon rationaliste, figure ici comme l'exact opposé de Félicité. Tout un monde décadent est ironiquement illustré par ces deux *exemples* complémentaires du XIXe siècle : Bourais qui sombre dans la fraude, la vie déréglée, puis le suicide ; Félicité qui devient sublime dans sa naïveté, son abnégation de soi, et finalement dans sa vision fiévreuse d'une ascension vers le ciel.

L'ironie à l'égard de Julien est plus profonde : voici un être humain qui agit en croyant pouvoir agir de son propre chef, qui évite en croyant pouvoir éviter, qui croit sans savoir quel est en fait l'objet de sa foi. Mais le conte médian ne se doit-il pas de plonger l'homme dans le désarroi ? Enfin, l'attitude d'Hérode et d'Hérodias, en même temps qu'elle collabore au tragique du texte, est d'une ironie féroce, puisqu'elle fait décapiter Iaokanann, et que les deux protagonistes ouvrent la porte à la nouvelle religion et détruisent leur propre pouvoir.

Ce qui, malgré les différences, rassemble les trois textes autour de ce concept d'ironie, c'est le fait que Félicité, Julien et Hérode ignorent le vrai caractère de leur existence. Somme toute, la perspective ironique adoptée par Flaubert nous aide à comprendre sa façon de voir la condition de l'homme, dans les différentes couches du palimpseste, sa manière de s'expliquer l'idée qu'on a pu avoir de cette condition dans les trois étapes choisies de l'histoire de l'humanité. Dans *Hérodias,* le

Ciel de l'Ancien Testament tient encore l'homme dans sa griffe ; dans *Saint Julien,* Dieu fait en sorte que l'homme choisisse lui-même la bonne voie ; mais dans *Un cœur simple,* c'est l'âge moderne, sans Dieu, qui retient l'homme dans sa pauvre condition humaine, sans la perspective d'aucune transcendance, laquelle est remplacée par l'imaginaire.

Explications de texte

La publication des manuscrits de Flaubert permet désormais de compléter l'explication de texte proprement dite par une analyse des brouillons et autres avant-textes. Mais des questions de méthode se posent dès qu'on transcende le texte définitif : dans quelle mesure les données des brouillons peuvent-elles influer sur l'interprétation du texte ? Le « texte » de Flaubert implique-t-il tous les différents états qu'il a traversés ? Le problème est essentiel quand il s'agit d'un écrivain qui a laissé à la postérité des liasses de manuscrits. Nous nous contenterons ici de nous servir des brouillons (mettant nos commentaires entre parenthèses) comme d'autant de variantes significatives du texte définitif. Nous renvoyons à l'édition Garnier qui donne aux pages 310-313 et 357-368 une transcription des feuillets manuscrits correspondant aux deux passages choisis.

Le calvaire de Félicité (172/58-59)

Le passage commence par l'image de Félicité parcourant « les quatre lieues qui séparent Pont-l'Evêque de Honfleur », et se termine par son retour « dans Pont-l'Evêque ». De Pont-l'Evêque à Pont-l'Evêque... voilà Félicité qui, seule, s'aventure loin de sa ville pour dire adieu à Victor s'embarquant pour son voyage fatal en Amérique.

Le style et le rythme de ce passage sont particulièrement saccadés, les phrases ou membres de phrases s'enchaînant sans conjonctions comme dans le premier paragraphe : « elle prit à droite, se perdit..., revint... », « Elle fit le tour..., se heurtait... » ; dans le deuxième paragraphe : « on entendait chanter les poules, le capitaine jurait » ; ou encore dans le troisième : « Sa membrure craquait, les vagues (...) fouettaient... » Ce principe de coordination est apparemment aussi suivi par quelques énumérations de syntagmes : « les barriques de cidre, les paniers de fromage, les sacs de grain », cf. « debout, la face baignée de pleurs, les yeux vers les nuages ». Cependant, le *staccato,* qui est l'effet de ces coordinations, n'est que le premier élément d'un rythme précis, le second élément tenant à l'effet de la conjonction *et* qui apparaît vers la fin de chaque paragraphe pour en assurer le glissement calme vers la conclusion : « et elle se crut folle » ; « — et un mousse restait accoudé » ; « — et (...) il faisait une tache noire » ; « — et, sur la mer argentée » ; « et de l'eau tombait ». (L'absence de conjonctions et la présence des *et* sont déjà dans les brouillons, ce qui permet de conclure à un rythme fondamental, spontané.) L'effet général est celui d'un calme succédant à un certain mouvement (les brouillons confirment cette impression : « [Le paquebot]... s'en va... lentement... la mer était très calme »).

On aura remarqué l'absence de *et* entre les deux dernières phrases du second paragraphe : « il leva la tête, — elle s'élançait quand on retira l'échelle tout à coup ». Cette absence a son importance, car elle marque une coupure essentielle, exactement au milieu du passage, une rupture entre la recherche de Victor par Félicité et la séparation définitive, entre l'aller de Félicité à Honfleur et son retour à Pont-l'Evêque. Le choc s'exprime par les deux verbes au passé simple, par « s'élançait » (imparfait *de conatu* = « alla s'élancer ») et par « tout à coup ». (Un « et » se trouve dans les brouillons, il a été supprimé lors des ultimes corrections.)

Dans l'itinéraire de Félicité, nous suivons d'abord la perspective du narrateur. La distance entre Pont-l'Evêque et Honfleur ainsi que l'emplacement du Calvaire sont des détails connus par le narrateur qui sait également que Félicité devrait prendre à gauche pour arriver au port (cf. dans les brouillons : « Honfleur qu'elle ne connaissait pas »; à la place du Calvaire, nous trouvons dans les brouillons l'entrée du port, ou le bas du cours ou encore le cours d'Orléans). Dans la phrase qui décrit l'entrée de Félicité dans Honfleur, c'est toujours la perspective du narrateur. Par la suite, la focalisation devient interne : c'est Félicité qui entend hennir les chevaux, qui les voit descendre dans le paquebot, qui aperçoit Victor, et qui finit par ne plus voir personne sur le navire. Exception faite de la description de sa « face baignée de pleurs » et de la comparaison « un bruit de torrent », cette focalisation interne continue et culmine dans des verbes au conditionnel, « ouvrirait », « contrarierait ». A cet égard, le passage est typique du style de Flaubert, mélangé de focalisation zéro et de focalisation interne.

L'espace où se meut Félicité est un espace presque fermé; il ne s'ouvre que sur la mer — perspective horizontale —, où s'aventurera Victor, ou vers le ciel — perspective verticale —, la direction de la prière. Cette dernière perspective est encore soulignée par l'allusion à Virginie dans le dernier paragraphe. Entre les deux enfants Félicité erre, d'abord sans trouver son chemin — sens horizontal —, ensuite sans plus savoir ce qui est en haut et ce qui est en bas — sens vertical. Au carrefour de toutes les directions, elle perd Victor, comme elle perdra Virginie, l'un sur la mer, l'autre dans la terre du cimetière et au Ciel.

L'espace réel est plein de mouvements. Félicité va à droite, revient sur ses pas, continue à gauche, fait le tour du bassin, s'élance; on se bouscule, on embarque des chevaux, le paquebot sort du port. C'est seulement avec la disparition du bateau qu'un peu de calme s'installe : « La ville dormait. » Alors, Félicité peut s'arrêter une première fois et se recueillir dans la prière, pendant que, seul, le temps passe : « l'eau tombait sans discontinuer ». Il faut supposer qu'elle s'arrête aussi un instant devant le couvent des Ursulines — est-ce la cloche du couvent qui sonne deux heures? — avant de se décider à revenir à Pont-l'Evêque. La perception de l'espace respecte ainsi la division du passage en deux moitiés. (On peut ajouter que plusieurs détails de la réalité de cet espace sont sacrifiés par Flaubert entre les brouillons et le texte définitif : des chiens qui aboient, des ivrognes, un cabaret où on se dispute, des bateaux hauts comme des cathédrales, toute une explication réaliste des bateaux et de l'embarquement des chevaux.) Somme toute, cet espace est conçu plus en fonction de sa valeur symbolique que de son effet de réel : ici la tempête, là le calme, comme disait René de Chateaubriand.

Il en est de même du temps, formé exclusivement par le soir et la nuit jusqu'au matin (dans un manuscrit, Flaubert avait noté que le bateau devait partir « à la seconde marée [du soir] vers minuit », dénotant ainsi la même séparation en deux). Cette nuit-là, Félicité la passe en dehors de chez elle, à un moment où habituellement elle dort; elle ne connaît rien des activités des êtres nocturnes, le monde qui s'offre à elle n'est plus son monde familier mais un univers déconcertant. Inversement, de retour à Pont-l'Evêque, elle retrouve son cadre habituel, avec les filles d'auberge qui s'éveillent au petit matin, comme d'habitude elle le fait elle-même.

En une page, Flaubert a concentré le choc de deux mondes, la séparation brutale de l'héroïne d'avec les enfants qu'elle aime, et l'intériorisation de la douleur dans la prière (la religiosité est soulignée dans les brouillons : « A genoux devant le Calvaire (...) comme on représente les Saintes femmes au pied de la croix », exemple du jeu des identifications dans *Un cœur simple*).

La danse de Salomé (252-253/138-139)

Le conflit des religions représentées au festin dans le troisième chapitre d'*Hérodias* est l'image même d'un passage critique dans l'Histoire. Hérodias y contribue, coiffée à l'assyrienne, se plaçant entre des monstres évoquant la Grèce, et ressemblant à Cybèle, la déesse mère qui avait ses origines en Asie Mineure (Phrygie, Lydie, ce dernier pays est cité dans notre passage (253/139)) ; depuis deux cents ans existait à Rome un culte de Cybèle. Les « lions » attelés à son char représentent le couple amoureux d'Atalante et d'Hippoménès, tués et transformés pour avoir souillé le temple de la déesse (Ovide, *Métamorphoses,* X, 686-704). Hérodias introduit sa fille en saluant César, suivant son ambition du pouvoir personnel et en accord avec la place essentielle de Cybèle dans le polythéisme romain. La danse, principal élément du culte de Cybèle, peut ainsi commencer sous les auspices de la déesse mère et de l'empereur divin, les deux autorités suprêmes.

Voici la composition du passage commençant par « Une jeune fille venait d'entrer » et se terminant par « une vapeur sur du marbre blanc » :

« Une jeune fille venait d'entrer. »
Paragraphe 1-2, description de Salomé.
« (...) puis elle se mit à danser. »
Paragraphe 3-4, *danse 1,* appels et pleurs.
Paragraphe 5-6, interruptions : réaction + explication.

MILIEU DU PASSAGE

Paragraphes 7-8-9-10, *danse 2,* amour et volupté.
interruptions : réactions et intervention d'Hérode.

On voit que le passage est structuré selon un principe des plus simples. Divisé exactement au milieu du texte (« Elle en était sûre, maintenant »), le jeu de Salomé comprend deux parties, chacune divisée en deux : description et danse 1 + interruptions ; danse 2 + interruptions. Les interruptions sont de deux sortes, réactions des spectateurs : « Vitellius la compara... », etc., et explication : « Ce n'était pas une vision », etc., dans la première partie ; dans la seconde partie, réactions : « et les nomades habitués à l'abstinence », etc., et intervention : « il lui disait », etc. Précisons encore que la danse 1 est divisée en deux paragraphes, exprimant l'un l'appel et la poursuite, l'autre l'accablement et la langueur, et que la danse 2 se présente aussi en deux sections séparées par l'intervention d'Hérode.

Ce système binaire est d'une importance capitale pour l'analyse et l'interprétation de la danse de Salomé. La description de celle-ci présente les parties du corps de la tête aux pieds, les vêtements, en insistant sur les couleurs. Au cours de la danse 1, nous suivons l'expression de ce corps dévoilé, après avoir constaté, dans les deux premières lignes, quelques mouvements inspirés par la danse de Kuchouk-Hânem, la prostituée admirée par Flaubert en Egypte (« un pied restant à terre, l'autre se levant passe devant le tibia de celui-ci », *Voyage en Egypte*). De cette première danse il faut essentiellement retenir l'expressivité et le mouvement psychologique (Flaubert avait noté dans les brouillons : « — psych différente et progress chaque danse ») : c'est une « âme » cherchant quelqu'un, puis une âme accablée. Aussi Salomé est-elle, à ce moment, comparée à un comédien (Mnester). (Flaubert avait prévu trois danses, « une danse gracieuse », « une danse langoureuse » et « une danse désordonnée », les deux premières ayant fusionné par la suite.)

La danse 2 est très différente. Salomé est un corps tout en mouvement, ressemblant à un scarabée, ou à ce qu'on voit sur le bas-relief qui se trouve à Rouen, où Salomé danse sur les mains. Elle est maintenant pure image d'elle-même et de la jouissance de son corps. Elle n'exprime plus aucun sentiment précis — sinon la volupté —, et ne fait que ressembler à d'autres femmes qui dansent. Les deux danses se distinguent ainsi l'une de l'autre comme âme et corps, langueur et épanouissement.

Cette différence est précisément le propre du culte de Cybèle. Selon le mythe, Cybèle, tombée amoureuse d'Attis, apparaît dans la salle où celui-ci doit épouser une autre femme. S'enfuyant dans les montagnes, Attis se mutile et meurt ; Cybèle essaie en vain de le ranimer. Le culte de la déesse commence par la recherche d'Attis, accompagnée de chants funèbres et de musique. Pour symboliser les retrouvailles, les plaintes sont remplacées par une joie déchaînée et une fureur orgiaque ressemblant à celles des cultes dionysiaques. Dans le culte d'Attis, introduit plus tard à Rome, cette alternance est exactement reproduite.

La danse 1 de Salomé correspond à la recherche d'Attis : « Ses bras arrondis appelaient quelqu'un », objet de son amour, « un dieu » dont la jeune fille s'imagine — et exprime — les caresses. (Dans les brouillons, la première danse est une « Danse langoureuse [volupt] funèbre désolée — danse d'un caractère grave ».) La danse 2, au contraire, est « l'emportement de l'Amour qui veut être assouvi », et Salomé la danse comme les « Bacchantes de Lydie », rappel voilé des bacchanales et de l'origine du culte de Cybèle (« Bacchantes en délire », dans les brouillons ; d'autres feuillets précisent que « c'était le retour à la vie, la joie d'une renaissance », « une danse désord(re) orgiaque »). La frénésie lascive (le terme est dans les brouillons) rapproche encore plus cette danse du culte de Dionysos. Les « tympanons » et les cymbales (ces dernières sont nommées dans les brouillons) sont les instruments mêmes qui accompagnaient la deuxième partie du culte de Cybèle.

Bien que rien dans les *Carnets de travail* de Flaubert ne

vienne appuyer cette interprétation, l'auteur a facilement pu trouver le mythe de Cybèle dans ses sources, et en tout cas, la référence explicite est dans le texte définitif (et les brouillons viennent la confirmer). Dans le conte en tant que tel, la présence du mythe est bien fondée, car non seulement Hérodias va mettre en scène le culte préféré d'Auguste, mais elle fait son entrée sur « la balustrade *qui dominait Antipas* » qu'elle veut réveiller en sa faveur, tout en l'aiguisant contre Jean-Baptiste. La petite Salomé, dans ce jeu diabolique, fait fonction d'appât.

Mais c'est un appât artistique. Elle figure tout un mythe de mort et de renaissance, mythe qui convient à la mort de l'amour d'Hérode et à sa renaissance espérée : « C'était Hérodias, comme autrefois dans sa jeunesse. » Mais Salomé exprime, en plus, des sentiments de douleur et de joie, comme le fait tout comédien, elle représente la fureur des sens en symbolisant par sa posture, notamment, l'invitation au coït. Finalement, elle est elle-même une œuvre d'art, la peau de son visage ressemblant à « du marbre blanc ». Il s'ensuit que la danse de Salomé résume toute une partie du conte, celle des menaces qui pèsent sur Hérode, sa peur et ses affres de la mort, enfin tout le drame qui se joue entre lui et Hérodias. Pour conclure, la danse de Salomé est une mise en abyme mythique et artistique du conte même de Flaubert.

Réception et fortune des « Trois contes »

Un « beau livre », un « merveilleux livre », « une admirable et exquise trilogie » — les amis de Flaubert ne tarissent pas d'admiration, et la série d'adjectifs positifs et élogieux dans leur correspondance (reproduite dans l'édition Conard des *Trois contes*) semble interminable. Deux aspects de l'œuvre retiennent leur attention, le réalisme et le style, comme on peut le constater dans une lettre de Leconte de Lisle du 10 mai 1877 : « *Un cœur simple* est une merveille de netteté, d'observation infaillible et de certitude d'expression ».

D'une part, les premiers lecteurs sont impressionnés par le style de Flaubert, « ciselé à la manière des maîtres joailliers d'autrefois », selon Laure de Maupassant, par la beauté et la « grâce » des textes, selon Banville. D'autre part, ils insistent sur la vérité, sur la présence de « toute l'histoire humaine » dans les textes. Ainsi, un Taine peut admettre, tout en se référant à une expression de l'écrivain lui-même, « qu'à présent l'histoire et le roman ne peuvent plus se distinguer » ; ce qu'il y a de plus vrai dans la trilogie, ce serait donc *Hérodias,* alors que « le monde *imaginé* » du Moyen Age, dans *Saint Julien,* correspond plutôt à un « pur idéal de l'an 1200 ». Ce dernier texte a beau être, pour tel autre correspondant, « féerique », ou encore un « éblouissement » qui « charme », c'est *Hérodias* qui « brille de couleur », et *Un cœur simple* qui permet de suivre « pas à pas (...) Félicité dans sa vie de travail ». La métaphore du peintre revient sous la plume de nombreux amis, mais la touche du peintre opère de plusieurs façons que Léon Cladel résume de la manière suivante dans une lettre à Flaubert : « Vous êtes un évocateur et un voyant, de plus vous avez ce qui manque à la plupart de vos cadets : une érudition sans bornes », étant donné que c'est l'évocateur qui « divulgue la vie moderne » (disons dans *Un cœur simple*), alors que le voyant et l'érudit s'ingénient à « reconstituer celle qui fut » (dans les deux autres contes).

Une seule note discordante dans ce chœur enthousiaste, sous la plume d'Edmond de Goncourt, qui se contente de signaler au maître qu'il trouve *Un cœur simple* « tout à fait *chef-d'œuvreux* », mais écrit dans son journal, au sujet d'*Hérodias* : « Que d'ingéniosités de vaudeville là-dedans, et que de petits sentiments modernes plaqués dans cette rutilante mosaïque de notes archaïques ! »

Dans la critique de presse, les louanges continuent, tant pour le style que pour le réalisme. Mais des coups de pied de l'âne s'y mêlent parfois. Drumont, dans *La Liberté,* s'inspire de la même métaphorique que Laure de Maupassant en s'exaltant « devant ces trois médailles si magnifiquement frappées (...), d'un dessin si élégant et si ferme à la fois », mais Fourcaud, dans *Le Gaulois,* tout en louant le style « superbe » de Flaubert, ajoute qu'il est « trop tendu et trop ennemi des répétitions des mots, ce qui l'obscurcit maintes fois ». Pour ce qui est du réalisme, on peut dire que l'image du « voyant » se retrouve dans la critique de Banville faisant l'éloge de « l'intuition » de Flaubert « qui nous révèle les choses que nul n'a vues et entendues ». Dans le même sens, le critique de *La Patrie* s'arrête aux « étonnants efforts d'imagination qui ont produit les restitutions poétiques de M. Flaubert ». Cependant, dans *Le XIXe siècle,* on juge *Hérodias* « étrange plus que vivante et humaine », à cause du « trop d'archéologique » qu'on y trouve.

Quant aux réactions dans le pays de Flaubert, la critique rouennaise étudiée par André Dubuc s'enthousiasme pour les *Trois contes,* avant tout pour l'histoire de Félicité la Normande, alors que l' « abondance de surnaturel », dans *Saint Julien,* « tourne parfois à l'énorme », et qu'*Hérodias* gêne un peu le critique par l'excès d'une érudition souvent mal expliquée. Par ailleurs, le critique du *Journal de Rouen* poursuit la comparaison avec la peinture, comparaison souvent reprise par d'autres; alors que son confrère du *XIXe siècle* avait comparé Flaubert au peintre romantique Decamps, et que Banville avait cité le nom de Delacroix pour donner une idée des « tableaux éclatants » de Flaubert, Alfred Darcel ajoute le paysagiste Marilhat. Ces noms de peintres confirment la tendance à voir dans l'exotisme de Flaubert quelque chose de romantique (Mérimée lui aussi est cité à ce propos).

Marcel Schwob, dans son *Spicilège* de 1896, publie une étude à la fois inspirée et informée de la légende de saint Julien, de son aspect folklorique, et du texte de Flaubert, « miraculeux émail littéraire » unissant « tout l'appareil de la chevalerie avec le plus simple des contes pieux du peuple ».

En revanche, Brunetière, écrivant dans la *Revue des Deux Mondes,* condamne ouvertement ce qu'il voit comme « l'irritation sourde » de Flaubert « contre la bêtise humaine » illustrée, selon lui, dans *Un cœur simple,* puis aussi l' « étalage d'érudition » dans *Hérodias,* et la « tension du style, pénible, fatigante, importune » chez l'auteur. Il reproche à celui-ci de rester enfermé dans « les mêmes cadres » des « mêmes tableaux », enfin, dans sa « manière d'artiste ». Le *Manuel de l'histoire de la littérature française* de Brunetière (s.a.) révèle le pourquoi de cette condamnation, dans la mesure où il précise que « Flaubert a cru qu'il n'y a au monde que l'art », et qu'il n'a pas voulu comprendre que l'art n'est rien « sans les cœurs ou les esprits où on le verse », selon George Sand qu'il cite à ce propos. — Lanson, tant dans la *Revue bleue* que dans son *Histoire de la littérature française* (1895), n'est guère plus complaisant à l'égard de Félicité, trop « bête » à son sens, et des « étranges tentatives de restitution de mœurs ou d'âmes bien lointaines » que sont les deux autres contes. C'est l'ère du soupçon des historiens de la littérature qui commence.

En effet, Daniel Mornet, dans son *Histoire de la littérature et de la pensée françaises* (1924), défigure l'œuvre de Flaubert en dénonçant dans le « romantisme » de l'auteur, le moteur de certains de ses textes *(Salammbô, Hérodias),* romantisme ou imagination dont, heureusement, il aurait su se défier. Chez Thibaudet, on a peine, de nos jours, à reconnaître les *Trois contes,* le premier étant une « chronique de la famille Flaubert » (point de vie développé dans son *Gustave Flaubert* de 1935), le second « le point peut-être le plus exquis de style (...) de Flaubert », et le troisième du « bric-à-brac » (*Histoire de la littérature française de 1789 à nos jours,* 1936).

De la même époque, citons deux auteurs dont les réticences répondent bien à celles des universitaires, et qui reprennent quelques points de la critique contemporaine de Flaubert. Le 28 janvier 1931, Julien Green note dans son journal qu'il a relu *Hérodias,* « sans enthousiasme, sans admiration sincère pour toute cette joaillerie d'épithètes ». La perfection du texte aurait « quelque chose d'inhumain », et il continue : « Tout est guindé, rien de simple qui ne se gourme aussitôt. Eclat des couleurs et gaucherie des lignes, comme dans les belles mosaïques » (*Journal, 1928-1958,* Plon, 1961). — Gide, quant à lui, se contente de noter « Inadmissible » à propos de cette phrase dans *Saint Julien* : « Le rebord du vallon était trop haut pour le franchir. » A partir de là, l'intérêt pour les *Trois contes* ne pourra que remonter. Ce qu'il fera, mais comme on escalade une montagne tantôt du côté facile, tantôt du côté difficile. Reste à savoir si le panorama à partir du sommet sera plus beau, plus vrai, plus complet pour l'un ou l'autre grimpeur !

Alan W. Raitt a donné, dans *L'Information littéraire* de 1982, un aperçu de l' « Etat présent des études sur Flaubert ». Parmi les études d'ensemble qui montent lentement et soigneusement à l'assaut de l'œuvre, celle de Victor Brombert (1966) a fait date avec ses analyses pénétrantes et ses interprétations thématiques, souvent fondées sur la biographie. La vaste fresque biographique et psychologique de Sartre (1971-1972) témoigne d'une ascension malaisée, hors des pistes tracées, qui finit souvent par réduire le texte à une réponse à des problèmes de l'auteur (*Saint Julien* écrit « pour son usage personnel », p. 2115). D'autres ouvrages d'une importance certaine ou d'une forte inspiration sont moins esclaves d'une méthode exclusive. Citons l'admirable traité d'esthétique flaubertienne de Geneviève Bollème remontant à 1964, ainsi que l'étude de Gerhard Walter Frey sur le même sujet (*Die ästhetische Begriffswelt Flauberts*, Munich, 1972). Des passages excellents sur les *Trois contes* se trouvent chez Diana Knight (1985) et Robert Griffin (1988). Dernièrement ont paru deux études consacrées aux *Trois contes,* celle d'Alan W. Raitt, plus traditionnelle (1991), et celle d'Aimée Israel-Pelletier, très avancée et très hardie (1991), sur le langage flaubertien transformant en action le désir et l'illusion.

Depuis les années soixante, et en particulier au moment du centenaire de la mort de Flaubert (1980), il est devenu évident que l'écrivain continue à faire recette. Son œuvre est un des domaines privilégiés de la critique, et la montagne se voit désormais attaquée de tous les côtés à la fois, et moyennant toutes formes de technique. Le pic exclusif des *Trois contes* n'est pas contourné. Quelques travaux font figure d'initiateurs, ainsi deux articles de S. Johansen (1967, 1968) sur l'écriture, les premiers articles de R. Debray Genette sur les formes narratives (1970, 1971), un article de synthèse de P. Nykrog sur la structure thématique (1973), un autre également sur l'unité thématique de M. Issacharoff (1974). Des structuralistes solitaires et originaux, comme John R. O'Connor (1980), Jane Robertson (1982) ou Gerhard Penzkofer (1989), ont réussi depuis, par des sentiers négligés des touristes, à ouvrir de nouvelles perspectives.

Des études narratologiques ont paru, œuvres de M.-J. Hanoulle (1972), A. E. Pilkington (1975) et Cl. Gothot-Mersch (1984) ; Dina Sherzer (1974) et Jacques Neefs (1982) ont publié quelques articles importants sur le récit et ses figures ; enfin, K. A. Blüher (1987) nous offre un travail de fond sur l'ironie. Mais il est clair qu'aujourd'hui les études de critique génétique dominent dans les travaux consacrés aux *Trois contes*. Et pour cause : les manuscrits de Flaubert sont fascinants, et beaucoup de chercheurs ont entrepris des études portant sur la création et les transformations du texte. Ce sont les géologues de la montagne, expliquant et décrivant le pourquoi et le comment. Ils comptent les chercheurs des origines (Bart et Cook, 1977), les déchiffreurs de la composition (Biasi, 1988 ; Bonaccorso, 1984, 1992), et les prospecteurs de la genèse (Willenbrink, 1976 ; Wetherill, 1979, 1988 ; Willemart, 1983 ; Debray Genette, 1988). Tous ces travaux ont considérablement enrichi la lecture en profondeur de Flaubert en révélant ce que cache la montagne et quelles étaient les conditions du texte définitif.

On aura remarqué parmi les noms cités beaucoup de spécialistes d'outre-Manche, d'outre-Atlantique et de l'Europe entière. Flaubert a fait sa fortune, cette fortune qui lui souriait — trop tard — avec les *Trois contes*.

Bibliographie

ÉDITIONS

Œuvres complètes de Gustave Flaubert, *Trois contes,* Paris, Conard, 1910.
Flaubert, *Œuvres,* t. 2, éd. A. Thibaudet et R. Dumesnil, Paris, Gallimard, « Bibl. de la Pléiade », 1952.
Flaubert, *Œuvres complètes,* t. 2, éd. B. Masson, Paris, Seuil, « L'Intégrale », 1964.
Gustave Flaubert, *Œuvres complètes,* t. 4, éd. Maurice Bardèche, Paris, Club de l'Honnête Homme, 1972.
Gustave Flaubert, *Trois contes,* éd. P.-M. de Biasi, Paris, Flammarion, « GF », 1986.
Flaubert, *Trois contes,* éd. P.-W. Wetherill, « Classiques Garnier », Paris, Bordas, 1988.
Biasi P.-M. de, Edition critique et génétique de *La Légende de saint Julien l'Hospitalier,* thèse de 3e cycle, Université de Paris VII, 1982.
Bonaccorso G., *Corpus Flaubertianum,* I : *Un cœur simple,* Paris, Belles Lettres, 1983.
Bonaccorso G., *Corpus Flaubertianum,* II, I : *Hérodias,* Paris, Nizet, 1991.

AUTRES TEXTES DE FLAUBERT

Correspondance de Flaubert, éd. Conard, Ed. Club de l'Honnête Homme ; Bibl. de la Pléiade (éd. en cours, trois volumes parus).
Gustave Flaubert, Extraits de la correspondance ou *Préface à la vie d'écrivain,* présentation et choix de Geneviève Bollème, Paris, Seuil, 1963.
Gustave Flaubert, *Carnets de travail,* éd. P.-M. de Biasi, Paris, Balland, 1988.

BIOGRAPHIES ET ÉTUDES D'ENSEMBLE

Brombert Victor, *Flaubert par lui-même,* Paris, Seuil, 1971.
Lottman Herbert, *Gustave Flaubert,* Paris, Fayard, 1989.

Bollème Geneviève, *La leçon de Flaubert,* Paris, Julliard, 1964.
Brombert Victor, *The Novels of Flaubert. A Study of Themes and Techniques,* Princeton, 1966.
Gothot-Mersch Claudine, Sur le narrateur chez Flaubert, *Nineteenth-Century French Studies,* 12, 1984.
Griffin Robert, *Rape of the Lock. Flaubert's Mythic Realism,* Lexington, French Forum Publishers, 1988.
Knight Diana, *Flaubert's Characters : the Language of Illusion,* Cambridge, Cambridge University Press, 1985.

Levin Harry, *The Gates of Horn,* New York, Oxford, Oxford University Press, 1963.
Mouchard Claude, Neefs Jacques, *Flaubert,* Paris, Balland, 1986.

TROIS CONTES

Blüher Karl Alfred, Ironie textuelle et intertextuelle dans les *Trois contes* de Flaubert, in *Gustave Flaubert. Procédés narratifs et fondements épistémologiques,* éd. Alfonso de Toro, Tübingen, Gunter Narr Verlag, 1987.
Debray Genette Raymonde, Du mode narratif dans les *Trois contes, Littérature,* 2, 1971.
Debray Genette Raymonde, Profane, Sacred : Disorder and Utterance in *Trois contes,* in *Flaubert and Postmodernism,* éd. Naomi Schor and Henry F. Majewski, Lincoln and London, University of Nebraska Press, 1984.
Dubuc André, La critique rouennaise des *Trois contes, Les Amis de Flaubert,* 48, mai 1976.
Hanoulle Marie-Julie, Quelques manifestations du discours dans *Trois contes, Poétique,* 9, 1972.
Israel-Pelletier Aimée, *Flaubert's Straight and Suspect Saints : the Unity of Trois contes,* Purdue University Monographs in Romance Languages, Amsterdam, Philadelphia, John Benjamins, 1991.
Issacharoff M., *Trois contes,* et le problème de la non-linéarité, *Littérature,* 15, 1972.
Neefs Jacques, Le récit et l'édifice des croyances : *Trois contes,* in *Flaubert, la dimension du texte,* prés. par P.-M. Wetherill, Manchester, Manchester University Press, 1982.
Nykrog Per, Les *Trois contes* dans l'évolution de la structure thématique chez Flaubert, *Romantisme,* 6, 1973.
O'Connor John R., Flaubert : *Trois contes* and the Figure of the Double Cone, *PMLA,* XCV, 1980.
Raitt Alan W., *Flaubert. Trois contes,* London, Grant & Cutler, 1991.
Wetherill P.-M., Introduction générale des *Trois contes,* in *Flaubert. Trois contes,* Paris, Bordas, « Classiques Garnier », 1988.

UN CŒUR SIMPLE

Bonaccorso G. *et al.,* Introductions, *in* G. Bonaccorso, *Corpus Flaubertianum,* I.
Böker Uwe, Die Zeit in Flauberts *Un cœur simple, Neuphilologische Mitteilungen,* LXIX, 1968.
Chambers Ross, Simplicité de cœur et duplicité textuelle. Etude d'*Un cœur simple, Modern Language Notes,* XCVI, 1981.
Cockerham Harry, Sur la structure d'*Un cœur simple, Travaux de linguistique et de littérature,* VIII, 1970.
Debray Genette Raymonde, Les figures du récit dans *Un cœur simple, Poétique,* 3, 1970, et *in* R. Debray Genette, *Métamorphoses du récit,* Paris, Seuil, 1988.

Debray Genette Raymonde, *Un cœur simple* ou comment faire une fin. Etude des manuscrits, in *Flaubert,* 1 : « Flaubert, et après... », Paris, Minard, 1984, et in *Métamorphoses du récit.*

Debray Genette Raymonde, Genèse du récit dans *Un cœur simple,* in *Métamorphoses du récit.*

Debray Genette Raymonde, Réalisme et symbolisme dans *Un cœur simple,* in *Métamorphoses du récit.*

Fairlie Alison, La contradiction créatrice. Quelques remarques sur la genèse d'*Un cœur simple,* in *Essais sur Flaubert,* éd. Charles Carlut, Paris, Nizet, 1979.

Frølich Juliette, Battements d'un simple cœur. Stéréographie et sonorisation dans *Un cœur simple, Littérature,* 46, 1982.

Johansen Svend, Ecritures d'*Un cœur simple, Revue romane,* II, 1967.

Penzkofer Gerhard, « La chambre de Félicité » — Überlegungen zur Syntagmatik und Paradigmatik in Flauberts *Un cœur simple, Romanische Forschungen,* 101, 1989.

Schulz-Buschhaus Ulrich, Die Sprachlosigkeit der Félicité. Zur Interpretation von Flauberts Conte *Un cœur simple, Zeitschrift für französische Sprache und Literatur,* XCIII, 1983.

Wetherill P.-M., Les dimensions du texte : brouillons, manuscrit et version définitive. Le cas d'*Un cœur simple, Zeitschrift für französische Sprache und Literatur,* LXXXIX, 1979.

Willenbrink G., *The Dossier of Flaubert's Un cœur simple,* Amsterdam, Rodopi, 1976.

Zielonka Anthony, La « sensualité mystique » dans *Un cœur simple,* in *Révolutions, résurrections et avènements. Mélanges offerts à P. Viallaneix,* Paris, SEDES, 1991.

LA LÉGENDE DE SAINT JULIEN L'HOSPITALIER

Bancroft W. Jane, Flaubert's *Légende de Saint Julien* : The Duality of the Artist-Saint, *L'Esprit créateur,* X, 1970.

Bart B. F. et Cook F., *The Legendary Sources of Flaubert's Saint Julien,* Toronto, University of Toronto Press, 1977.

Berchtold Jacques, L'œil et le vitrail. *La Légende de saint Julien l'Hospitalier* à l'épreuve de la tradition médiévale, *Versants,* 12, 1987.

Biasi P.-M. de, L'élaboration du problématique dans *La Légende de saint Julien l'Hospitalier,* in *Flaubert à l'œuvre,* Paris, Flammarion, 1980.

Biasi P.-M. de, Un conte à l'orientale. La tentation de l'Orient dans *La Légende de saint Julien l'Hospitalier, Romantisme,* 34, 1981.

Biasi P.-M., Le palimpseste hagiographique. L'appropriation ludique des sources édifiantes dans la rédaction de *La Légende de saint Julien l'Hospitalier,* in *Flaubert,* 2, Paris, Minard, 1986.

Colonna D'Istria Denise, Sur *La Légende de saint Julien l'Hospitalier, Bulletin de l'Association Guillaume-Budé,* 1988.

Debray Genette Raymonde, *Saint Julien* : forme simple et forme savante, in *Essais sur Flaubert,* Nizet, 1979, et in *Métamorphoses du récit.*

Felman Shoshana, La signature de Flaubert : *La Légende de saint Julien l'Hospitalier, Revue des Sciences humaines,* LIII, 1981.

Johansen Svend, Ecriture et fiction dans *Saint Julien l'Hospitalier, Revue romane,* III, 1968.

Marston Jane E., Narration as subject in Flaubert's *La Légende de saint Julien l'Hospitalier, Nineteenth-Century French Studies,* Spring-Summer, 1986.

Pilkington A. E., Point of view in Flaubert's *La Légende de saint Julien, French Studies,* XXIX, 1975.

Sartre J.-P., *L'Idiot de la famille. Flaubert de 1821 à 1857,* Paris, Gallimard, 1971-1972.

Sherzer Dina, Narrative figures in *La Légende de saint Julien l'Hospitalier, Genre,* 7, 1974.

HÉRODIAS

Bonaccorso G., Science et fiction : le traitement des notes d'*Hérodias,* in *Flaubert l'autre. Pour Jean Bruneau,* Lyon, Presses Universitaires de Lyon, 1989.

Debray Genette Raymonde, Génétique et poétique : le cas de Flaubert, in *Essais de critique génétique,* Flammarion, 1979, et in *Métamorphoses du récit.*

Debray Genette Raymonde, Les débauches apographiques de Flaubert (l'avant-texte documentaire du festin d'*Hérodias*), in *Roman d'archives,* éd. R. Debray Genette et Jacques Neefs, Lille, Presses Universitaires de Lille, 1987.

Debray Genette Raymonde, Re-présentation d'*Hérodias,* in *Métamorphoses du récit.*

Duncan Philip A., The equation of theme and spatial form in Flaubert's *Hérodias, Studies in Short Fiction,* XIV, 1977.

Frølich Juliette, La voix de saint Jean : magie d'un discours — lecture d'un épisode de *Hérodias,* in *Gustave Flaubert,* 3, Paris, Minard, 1988.

Genette Gérard, Demotivation in *Hérodias,* in *Flaubert and Postmodernism,* Lincoln and London, University of Nebraska Press, 1984.

Leal R. B., Spatiality and structure in Flaubert's *Hérodias, The Modern Language Review,* 1985.

Robertson Jane, The structure of *Hérodias, French Studies,* XXXVI, 1982.

Tillett Margaret G., An approach to *Hérodias, French Studies,* XXI, 1967.

Willemart Philippe, Le désir du narrateur et l'apparition de Jean-Baptiste dans le manuscrit d'*Hérodias, Littérature,* 52, 1983.

Index thématique

Imprimé en France
Imprimerie des Presses Universitaires de France
73, avenue Ronsard, 41100 Vendôme
Octobre 1994 — N° 40 644

ÉTUDES LITTÉRAIRES

1. Charles Baudelaire – Les Fleurs du mal, *par J.-P. Giusto*
2. Emile Zola – Germinal, *par C. Becker*
3. Blaise Pascal – Les Provinciales, *par G. Ferreyrolles*
4. Le Roman de la Rose, *par A. Strubel*
5. Les fabliaux, *par D. Boutet*
6. Madame de Lafayette – La Princesse de Clèves, *par P. Malandain*
7. Louis-Ferdinand Céline – Voyage au bout de la nuit, *par A.-C. et J.-P. Damour*
8. Jean-Paul Sartre – Les Mains sales, *par F. Bagot et M. Kail*
9. Agrippa d'Aubigné – Les Tragiques, *par F. Lestringant*
10. Michel de Montaigne – Les Essais, *par M.-L. Demonet*
11. André Breton – Nadja, *par R. Navarri*
12. Alfred de Musset – Lorenzaccio, *par J.-M. Thomasseau*
13. P.-A. Choderlos de Laclos – Les Liaisons dangereuses, *par M. Delon*
14. F.-R. de Chateaubriand – Mémoires d'outre-tombe, *par H. P. Lund*
15. Tristan et Iseut, *par E. Baumgartner*
16. Molière – Tartuffe, *par G. Ferreyrolles*
17. Ancien français. Fiches de vocabulaire, *par N. Andrieux-Reix*
18. Voltaire – Candide ou l'Optimisme, *par A. Magnan*
19. Joris-Karl Huysmans – A Rebours, *par F. Court-Perez*
20. Bertolt Brecht – La Résistible Ascension d'Arturo Ui, *par D. Mortier*
21. Henrik Ibsen – Maison de poupée, *par Y. Chevrel*
22. Pierre Corneille – Le Cid, *par A. Couprie*
23. Charles-Louis de Montesquieu – Lettres persanes, *par J. Goldzink*
24. Marcel Proust – A la recherche du temps perdu, *par G. Cogez*
25. Sophocle – Œdipe Roi, *par G. Hoffmann*
26. Kateb Yacine – Nedjma, *par C. Bonn*
27. Gustave Flaubert – Madame Bovary, *par G. Gengembre*
28. Luxun – Histoire d'A Q : véridique biographie, *par M. Loi*
29. Ancien français. Exercices de morphologie, *par N. Andrieux-Reix et E. Baumgartner*
30. Dos Passos – Manhattan Transfer, *par J.-P. Morel*
31. Chronologie de la littérature française, *par J.-P. de Beaumarchais et D. Couty*
32. François Mauriac – Thérèse Desqueyroux, *par V. Anglard*
33. Robert Musil – L'homme sans qualités, *par J. Dugast*
34. William Shakespeare – Hamlet, *par A. Lorant*
35. Perrault – Contes, *par M. Simonsen*
36. Stendhal – La Chartreuse de Parme, *par P.-L. Rey*
37. La Chanson de Roland, *par J. Maurice*
38. Chrétien de Troyes – Yvain, Lancelot, la charrette et le lion, *par E. Baumgartner*
39. Albert Camus – L'Etranger, *par F. Bagot*
40. Anton P. Tchékhov – La Cerisaie, *par C. Hamon-Sirejols*
41. Guy de Maupassant – Une vie, *par B. Valette*
42. Ancien et moyen français. Exercices de phonétique, *par N. Andrieux-Reix*
43. Aimé Césaire – Cahier d'un retour au pays natal, *par D. Combe*
44. Guillaume Apollinaire – Alcools, *par D. Alexandre*
45. Emile Zola – L'Assommoir, *par C. Becker*
46. Jean de La Bruyère – Les Caractères, *par P. Soler*
47. Honoré de Balzac – Le Lys dans la vallée, *par G. Gengembre*
48. Marguerite Duras, Alain Resnais – Hiroshima mon amour, *par Christophe Carlier*
49. François Rabelais – Pantagruel. Gargantua, *par Pierre Mari*
50. Gustave Flaubert – Trois contes, *par H. P. Lund*